しっかり稼げる

未経験から始める おうちライターの教科書

斉藤カオリ

みらい PUBLISHING

はじめに

「『書く仕事』に興味があるけど、どうやって始めたらいいの？」

「日記ブログしか書いたことがない私にも、ライターってできる？」


本書を手に取ったあなたは、同じような悩みを抱えているのではないでしょうか。

そして、どれも、私の主宰するライター講座の受講者から届いた声です。


もちろんライターを始める前の私も、漠然とした不安や疑問を抱えていました。

この本は、そんな過去の私のように
「書く仕事をしてみたいけど、文章に自信がない！　書き方が分からない！」

「ライターとして、どうやってステップアップしていけばいいのか知りたい！」

と悩む方のために書きました。

特に、

・これからライターを始めてみたい方
・家事や育児に忙しく、家で仕事をしたい「在宅ライター志望」の方
・副業としてライターをスタートしたけれど「基本の書き方」が分からない方

には、本書をおすすめします。

この本では、仕事としてライターをしていくために必要な**「基本的な仕事のやり方」「基本の文章の書き方」「SEOライティングの方法」「インタビューの仕方」「収入アップのコツ」**などの説明をしています。

これらが、この1冊で分かるようになっていますので、ぜひ、必要な章を開いて、どんどん実践していってくださいね。

私は、雑誌やWebで、編集とライティングを15年ほど行ってきました。

現在は、個々の強みを発掘＋ブランディングし、それを言語化して「専門ライター」としても活躍できる**『オトナ女子専門★プロライター養成講座（旧：専門プロライター養成スクール）』を2018年より**運営しています。

また、学びのコミュニティー『ストアカ（ストリートアカデミー）』上でも、単発のライター講座や2ヵ月でライティングが学べる『ステップアップ★プロライター養成講座』

をしています。

すべて、**「時間と場所を自由に選び、『好き』を仕事に生きていく」、そんな女性を増やしたい**という想いで行っています。

また、プライベートでは、女の子3人の母親です。朝は保育園や小学校の準備で毎日バタバタ。帰宅後は姉妹ゲンカの仲裁だ、習いごとの送迎だ、と日々あわただしくしています。

けれど、そんな風に子どもたちと日々向き合えるのも、在宅でライティングを仕事にできているからです。

私はライターになる以前、歯科衛生士として小さな歯科医院で働いていました。そしてありがちな人間関係のごたごたや揉めごとに頭を抱えていました。

「何でこんなに息の詰まるような感覚になるんだろう」

「(この状況にいつまでも慣れない)自分にも嫌気がさす」

「自分は歯科衛生士に向いていないのか?」

「今後、私は、一体どうすればいいんだろう……?」

ちょうどその頃、あるご縁から企業の広報誌で「歯の健康コラム」を書くチャンスに恵まれました。１記事１万５０００円＋税、これを毎月連載させてもらうことになったのです。

今後についてあれこれ考えていた私でしたが、このとき、幼少の頃から「文章を書く」ということが好きで、日記を20年間書き続けたことが思い出されました。

「今まで考えたこともなかったけど、『ライター』なら、もう少し風通しの良い環境で、気持ちよく仕事ができるかもしれない」

そこから「ライター」という仕事について検索し、駆け込むように、某新聞社主催のライタースクールに一年間通うことを決めました。

ライターを始めたら「人間関係の風通しの良さ」に感激し、「朝の満員列車に乗らなくて済む」、そのうれしさと心地よさにすごく幸せを感じていました。

そして「柔軟性や融通性が最強」だったのです。

出産後は、大切な「子どもとの時間」を優先することができました。

保育園から、「〇〇ちゃんがお熱を出しましたよ、迎えにきてください」と連絡が入ったときも、すばやくお迎えに行くことができました。

そして、子どもが寝てから、「自分の都合で、自由に時間を決めて働くこと」ができました。これは過去には考えられなかったことです。

さらに、大好きな「書くこと」が仕事になり、**趣味の延長のように働くことができました。本当に、何度「ありがたい！」と思ったことか分かりません。**

その気持ちを胸に、ずっと私は、

「もっと多くの女性にライターという仕事を経験してほしい」

「自分の生活の一部として、書く仕事を楽しんでほしい」

と思ってきました。

そして、ライター講座を開講するに至りました。


私の主宰するライター講座の受講者は、最初は会社員やパートタイマーなどをしていましたが、今は、取材ライター、電子書籍ライター、専門家コラムニスト、ライター講師、Ｗｅｂ編集者、アプリ制作ライター、雑誌ライターとして、多方面で活躍しています。

それぞれの人生に「書く仕事」をプラスし、人生の幅を広げています。

楽しみながら行動していけば、実力も自然と上がり、収入もアップしていくのがライターの仕事です。活躍しているライターのほとんどが、自分から積極的に学び、生き生きと仕事をしています。

書くことが好きで、自分の人生を自分で切り開き、楽しみたい方を、私は心から応援します。

この本を読んでインプットし、実践していただければ、必ずライティングスキルは上がっていきます。何かに失敗したとしても、実際に動いた分だけ、必ずステップアップできます。そして収入も上がっていくでしょう。

あなたに、ライターの仕事を「楽しい！」「これからも続けたい！」と感じていただけたら……。本書を活用して、どんどん前に進んでいただけたら、これ以上うれしいことはありません。

どうぞ最後までお楽しみください。

斉藤カオリ

目次

ライターを知る

★文章を学ぶ①

★ 文章を学ぶ②

★ SEOを学ぶ

★取材を学ぶ

収入アップを目指す

ライターを知る

1章

ライターとは？
誰でもできる仕事なの⁉

1．ライターの仕事にどんなイメージをもっていますか？

皆さんは「ライター」と聞いて、どんなイメージがありますか？
書くことは日常で行っているから、私にもできそうという人もいれば、文章を書く仕事なんて何だか難しそうと思う人もいるでしょう。

ｇｏｏ辞書で確認してみると、次のように記載があります。

ライター【writer】
文章を書くことを職業とする人。著作家。「ルポー」「コピーー」
［補説］小説家、劇作家、随筆家、詩人、歌人、俳人など既にある語の枠にはまらない新しい文筆業に「ライター」を使うようになった。「トラベルライター」「フリーライター」など複合語が多い。

ライターには、「免許」も「資格」も不要です。**例えば、「私は今日からライターです」と言ってしまえば、その日からライターになれます。持ち物だって、最低限のパソコンとWi-Fiさえあれば、大丈夫。**在庫を抱えることはなく、特別に準備しなくてはならないものもありません。そう考えると、これ以上に始めやすい仕事はないといえます。

さらに、**時間も場所も自由に仕事ができる**のです。

会社員をしていて、毎朝、通勤の満員電車に揺られていた方なら、その快適さが身に染みるでしょう。

現在は厚生労働省も「働き方改革」を打ち出し、「個々の事情に応じて、多様な働き方を選択できる社会の実現」を進めています。副業などに、自由度の高いライターを選ぶのは、賢い選択です。

ただ、何でもそうですが、自由度高く仕事をしていくには、コツコツと継続していくことが大切です。

駆け出しのライターが最初に悩みがちなことといえば……、

- **なかなか希望している報酬額に届かない。**
- **原稿が赤字だらけでショックを受ける。**
- **「子どもの体調不良で保育園から呼び出された」「夜に子どもを寝かしつけていたら、寝落ちしてしまった」など、スケジュール通りにいかない。**
- **仕事量をうまく調節できずに、バタバタと忙しくなってしまった。**

これは「ライターあるある」です。私も同じでした。しかし、これらの壁を工夫して、一つずつ乗り越えていくと、自分の希望する未来に手が届くようになっていきます。

また、「失敗は成功のもと」と言いますが、本当にその通りです。

仕事で失敗しても、次から同じミスを繰り返さなければいいのです。一回の失敗ごとに「私はやっぱりダメだ」、「私なんてどうせ……」なんて落ち込んでいたら身がもちません。修正された原稿はチェックし、どこが良くなかったのかを確認して学べばいいことです。

特にフリーランスで働きたいなら、**自分で心身を健やかに保つ必要があります。明るく前向きに取り組むことが大切です。**

2. ライターになるメリット・デメリットは？

ライターをするメリットは何だと思いますか。

ここでは、実際に私の周りのライターから届いた、メリットやデメリットの声を紹介していきます。

・【実際に届いた声】ライターになるメリットは？

・資格や免許がいらないので、すぐに仕事を始められるところ。私の場合はクラウドソーシングサイトのライター案件に応募して、割とスムーズに初仕事を受注できた。またパソコン1台あればいいので、初期費用がほぼゼロなのも大きなメリットだと思う。（31歳／ライター歴1年）

・子育てと両立しやすいこと。子どもが帰ってくる時間に、家で「おかえり」を言ってあげられるのは最高だと思う。以前の仕事では、夕飯が夜9時過ぎになってしまうことも

あったが、今は夕方6時に準備ができるようになった。（41歳／ライター歴2年）

・会社員の時、人間関係で悩み続けて心が病んでいたが、そこから解放されて本当にうれしい。「カフェで仕事をする自分」に憧れていたので、実現できて満足している。（53歳／ライター歴3年）

以上からまとめると、ライターの大きなメリットは、

- **初期費用なしで、すぐに始められる**
- **育児と仕事の両立がしやすい**
- **時間も場所も自由に働ける**
- **人間関係に悩まなくて済む**

といえるでしょう。

・【実際に届いた声】ライターになるデメリットは？

・最初は文字単価が安くて挫折しそうになる。何ごとも継続が大事なので、まずは継続することを目標にがんばっている。（45歳／ライター歴1年）

・自分でスケジュール調整やタスクの管理をしなくてはならない。仕事が少ないのは困るけど、多い場合も大変。結局は自分次第だけれど、時間管理のスキルがないとなかなか辛い。（50歳／ライター歴3年）

・子どもが家にいると、気が散って仕事に集中できない。とくに兄弟ゲンカをされると仕事どころではなくなってしまう。また、家事と育児の両立を考えると、仕事量をセーブする必要が出てくること。もっとたくさん仕事を入れたい、と思うときがある。（43歳／ライター歴6年）

以上からまとめると、ライターのデメリットは、

- **最初は文字単価が安くて挫折しそうになる**
- **スケジュール調整やタスクの管理を自分でしないといけない**
- **子どもがそばにいると集中できない**

といえます。

3．ライターの収入ってどのくらい？

ここからは収入のお話に入っていきます。よく私は、ライター志望の方に、「フリーランスでライターをすると、収入はどのくらいになりますか？」と聞かれることがあります。これは個人差が大きく、一概にいくらとはいえません。

年収でいうと、フリーランス協会が数年前に出した『フリーランス白書２０１９』一般財団法人プロフェッショナル＆パラレルキャリアフリーランス協会で確認すると、文筆系フリーランスの年収の平均値は３００万円前後となっています。ただ、これも個人差が大

きく、一つの目安でしかありません。

会社員と違い、自分の裁量で受注の数を増減できるのがフリーランスです。マイペースに働くことができるのはメリットですが、会社員ライターのように固定給ではないため、のんびりしてしまうと月収に波が出てくるのがデメリットでしょう。

周りのライターをみていると、それぞれの**「ライティングへの情熱・探求心・勤勉さ」が収入に反映されている**と感じます。

3-1．ライターの収入の差はどこから？収入アップの4つのカギとは

「収入の高いライター、低いライターの差はどこから生まれるの？」と、疑問に思う人もいるでしょう。もちろん、経験年数もあります。初心者ライターとベテランライターでは、ベテランの方が報酬は優遇されます。しかし、**積極的に学び、行動することができるライターは、経歴が長くなくても収入は安定し、上がっていく傾向にあります。**

具体的なお話をしていくと、収入を増やしていくカギは次の4つです。

①　1記事あたりの報酬（ギャランティ）
②　ひと月の仕事量
③　書くスピード
④　執筆以外にもできることを増やす

一つずつお伝えしていきます。

①　1記事あたりの報酬（ギャランティ）

まず、分かりやすいのが1記事あたりの原稿料です。原稿料は「どこから仕事を受注するのか」「何を書くのか」などでも異なってきます。
※ただし、原稿料はクライアントによっても異なりますし、案件により変動することもあります。ここでは「目安として」参考にしていただければと思います。
では、それぞれ確認していきましょう。

★「どこから仕事を受注するのか」5つの例で紹介します。

・クラウドソーシングサイト（1文字0・1円〜3円までの募集が目立ちます）

大手の「クラウドワークス」や「ランサーズ」などに代表される、クラウドソーシングサイトからの受注です。1文字○円、という単価でのライター募集が多いです。

個人ブロガーやアフィリエイターのサイト記事を書くような案件も多く見受けられます。

これからライターをスタートする方は、「1文字1円未満」などの募集に目がいくかもしれません。気軽に始められるのはメリットですが、例えば0・1円でずっと書いていると、労力がかかる割には報酬が少なく、どんどん疲弊してしまう可能性もあるため、**期間を決めて、集中的に取り組みましょう。**

一定期間、しっかりと仕事をしたら、多少の値上げ交渉や単価の良い案件も検討します。自分のプロフィールに実績を追加して、もちろん実力とともにレベルアップを図りましょう。好条件の募集も定期的にチェックしてみるといいですね。

・Webメディアのライター募集に直接応募（1記事2000円〜5万円以上、媒体によりさまざま）

コラムサイトやニュースサイトなどのWebメディアサイトでは、不定期にライター募集をしていることがあります。そこから直接ライターの応募をすると、中間業者に手数料を取られずにやりとりが可能になります。また直接営業して、仕事をもらいにいくことも可能です。

とはいえ、媒体によって報酬はさまざまです。1記事いくらでやりとりされることが多く、専門性を発揮できたり、バズる※記事が執筆できたりすれば、原稿料は文字数に関係なく、1記事5万円以上などにもなっていきます。

※バズる……インターネット上の口コミなどで話題になること。

・エージェントを利用（業務委託案件など）

（月収10〜30万円など、企業によって異なります）

エージェントとは、ライターなら、ライティングの実績やスキルを元に、その人に合ったお仕事を紹介してくれる企業です。ただ原稿を書くだけでなく、医療や法律関係、英語が得意など、専門性をもっていると有利です。

・SNSで積極的に自己アピールする

（案件により、文字単価1円〜10円／1記事1万円〜10万円など）

SNSでライティングの仕事を得ることも可能です。SNSアカウントでつながった場合、直接契約になることが多いため、条件が良い仕事も多いです。

ライターの仕事につながりやすく、おすすめなのが、Twitterです。ライターを探している企業の担当者やライティングを仕事にしている人たちがたくさんTwitter上にいて、やりとりをしています。ダイレクトメッセージなどで直接お声がかかることもあります。

またTwitterでライター案件を探すなら、#（ハッシュタグ）をつけて、「#ライター募集」で検索してみると、さまざまなライティングのお仕事が出てきます。ぜひチェックしてみてください。

・「人脈」「過去・現在の取引先」など
（案件により、文字単価1円〜10円／1記事1万円〜10万円など）


フリーランス協会が出している「フリーランス白書２０２２」では、最も収入が得られる仕事の獲得経路として、第一位が「人脈（知人の紹介を含む）」、第二位が「過去・現在の取引先」となっています。

フリーランスライターとして収入を得るなら、人脈と今までの取引先、この二つは大事にしたいところです。

★「何を書いているのか」5つの例で紹介します

・（インタビュー含む）コラム記事（1記事1万円～10万円が目安）

コラム記事では、ライター自身が記事の提案や企画をし、編集者のチェックを経て、提案した内容を原稿にしていきます。インタビューが伴うものも多いです。

媒体にもよりますが、2000～4000字くらいの間が目安です。

・SEOライティング記事（文字単価で1文字1円～5円以上も）

案件によって、文字単価の差が出やすいです。

専門性（例えば、投資関係や金融、医療、転職、士業、不動産など）があり、SEOに精通しているライターなら報酬も高くなります。Webサイトの求人情報などでは文字単価1円～3円が多いでしょう。クラウドソーシングサイトでの募集なら、1円未満の案件も目立ちます。（SEOライティングについては、3章で詳しく説明しています）

・電子書籍の執筆代行（1冊につき3万円～10万円が目安）

電子書籍の執筆代行業も需要があります。文字数にしても、1万5000～3万文字程度と、書籍に比べて少なく、受注もしやすいでしょう。

・書籍のライティング（ブックライター）
（1冊につき30万円～１００万円が目安（出版社やライターにより異なる）

書籍の執筆を代行するのはブックライターと呼ばれるライターです。書籍1冊だと平均的な文字数は6万字～12万字で、電子書籍と比べると圧倒的な量を書きます。著者にヒアリング取材を行った後、著者本人が書いたようなテイストで執筆します。**原稿には一定のスピードとクオリティが求められます。**

・ランディングページ／セールスレター作成（セールスライティング）
（案件により、10万円～50万円以上）

「セールスライター、コピーライター」と言われる分野のＷｅｂライティングになります。通常のライティングスキルにプラスして、**Ｗｅｂマーケティングやコピーライティング、セールスライティング、購買心理学などの知識が必要**となります。このように、専門性の高いライティングになると報酬も大幅にアップします。

②ひと月の仕事量によっても差が出る

収入を増やしたいなら、執筆する原稿の本数を増やして稼ぐことも可能です。

自分で納める記事数を決められる仕事でしたら、「1ヵ月で何本は納品する」など、自分なりに1ヵ月のノルマを決めておいてもいいでしょう。そして、自分の希望する収入に届くように仕事量を調節しましょう。

③「書くスピード」によって差が出てくる

書くスピードも収入を上げるためには必要なスキルです。例えば、1記事6000字の仕事を一日で終わらせると決めていたとしましょう。しかし2日かかっていては、その分ひと月に納品できる原稿の本数は減ってしまいます。当然、仕事量が減れば収入もダウンします。

書くスピートについては、**先に原稿の構成を決めて、書く内容がブレないように組み立てておけば、本文の執筆（肉付け）は案外スムーズ**にいきます。SEOライティングで、編集者から構成（骨子）が渡されている場合は、調べたり理解したりするスピードも必要です。後は、たくさん書いて、書き慣れることが一番の近道でしょう。

また**最初に「〇時までに書き上げる」**などの**目標の時間を設定すると、集中できて、書くスピードも上がっていきます。**

ただ、早く執筆できるのは良いことですが、クオリティの低い原稿をそのまま納品するのは仕事として厳禁です。きちんと推敲（すいこう）（文章を吟味して練り直すこと）し、文章の流れや表記の統一、誤字脱字のチェックなどをしてから提出するようにします。**推敲するときは、原稿を書き終わった後、数時間おいて頭を休めてから、見直ししましょう。時間があれば、一晩寝て、翌朝に行うのがおすすめです。書くスピードも原稿の質も大事**なので、バランスがとれるように進めていきましょう。

④ 執筆以外にもできることを増やす

原稿の執筆だけではなく、そこに付随する仕事もできるようになると、収入も増えます。例えば、CMS（コンテンツマネジメントシステム）への入稿ができるライターなら、追加の報酬がもらえることもあります。

その他、写真撮影や画像加工、イラスト描き、企画、ディレクション……など、執筆以外の記事周りのことができると、その分報酬もアップしやすいので参考にしてください。

「ライターという仕事」について、おおむねは知ることができたでしょうか。次章からは「文章の書き方」を詳しくみていきましょう。

・ライターになったらどう働く？

ライターのメリットはたくさんある中、デメリットで気になる部分は「自分でスケジュール調整やタスクの管理をしなければならない」「時間管理をきちんとしなければならない」ことが挙げられます。そこで、おすすめのことを2つ紹介します。

・時間を上手に使おう！　～朝4時起きのススメ～

おすすめは「朝4時起き」です。小学生のお子さんがいる方なら、朝7時くらいには朝食を出して、朝の支度をしなくてはなりません。

朝4時に起きれば、約2時間は好きに使えるため、ある程度の余裕を確保できます。

会社員として出勤する方も同様に、かなり心のゆとりがもてるようになるでしょう。

また、本来「朝活」と呼ぶのは、趣味や運動、スキルアップの勉強をするためのようですが、ライターならライティングをしましょう。原稿を書くことは、クリエイティブな作業です。朝は脳がスッキリして、夜に比べて、効率よく進められます。前日に書いた原稿の推敲を朝に回すのもいいですね。

・重要度と緊急度で分けて、行動の順番を決める！

タスク（課された仕事や課題）の管理にもふれたいと思います。

私は個人的に『NOLTY ビジネスベーシックダイアリー』（NOLTYプランナーズ／定価2783円税込）という手帳を使っているのですが、これは大変おすすめです。

この手帳は月間と週間で分かれており、週間の部分には「TO DOリスト」が記載されています。このTO DOリストには、4つの仕切りがあり、「重要度の高い・低い」、「緊急度の高い・低い」で分けられています。ここに自分のタスクを入れ、振り分けて、優先順位を決めていけるのです。

「緊急度」とは、タスクを急ぎで対応しなければならないもの。

「重要度」とは、物事の本質に関わり、プロジェクトや仕事の成功に関わるもの、など。

これは「緊急度と重要度のマトリクス」とも呼ばれ、アメリカのスティーブン・R・コヴィー氏が提唱した、タスクの優先順位を付けるためのフレームワーク手法です。大ベストセラーになった『7つの習慣―成功には原則があった！』（キングベアー出版）の著書にも紹介されています。

図のように、タスクを4つに分けることによって、頭で整理しきれない業務を可視化し整理ができる、というスグレモノです。

自分の抱えているタスクを4つに分けたら、A（重要かつ緊急）→B（緊急ではないが重要）→C（重要ではないが緊急）→D（重要でも緊急でもない）の順で行っていきます。効率よく物事を進めやすくなるので、ぜひ使ってみてくださいね。

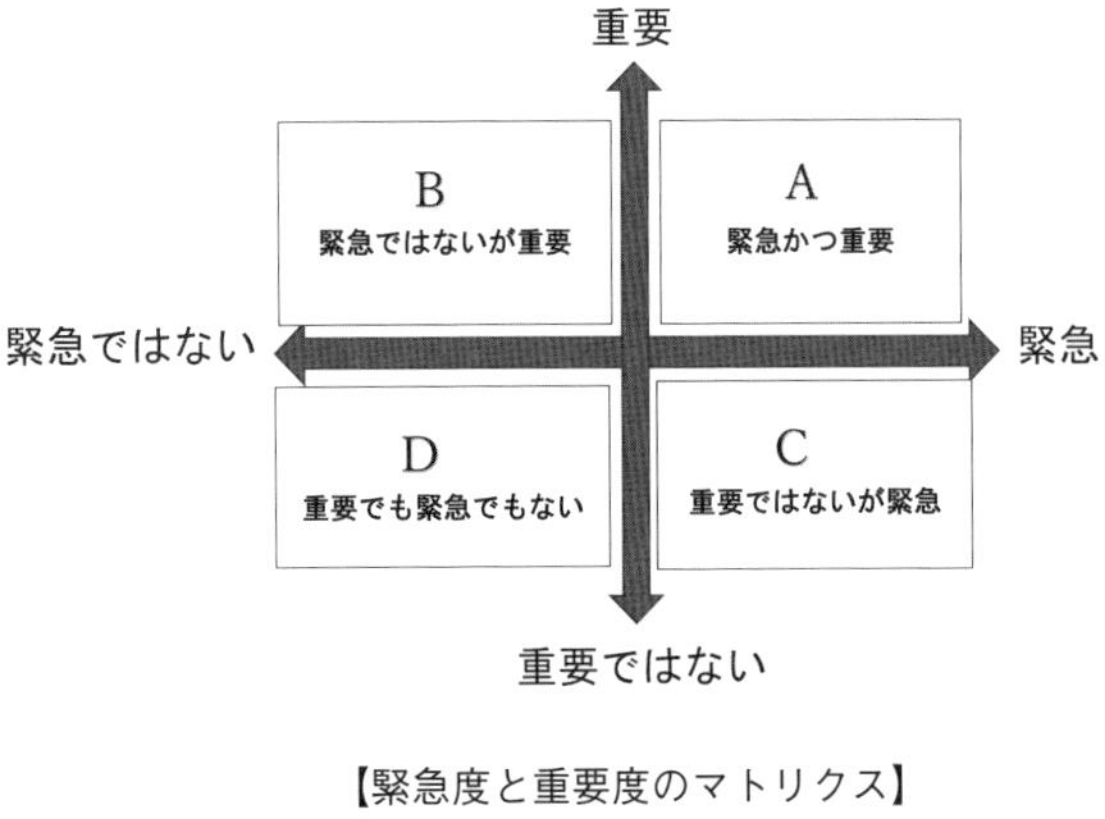

【緊急度と重要度のマトリクス】

文章を学ぶ①

2章

文章の型を知り、
書き方のコツをつかもう

1．人は文章を「本当はできるだけ読みたくない⁉」だから工夫をする！

この本を読んでいるあなたも、その周りの皆さんも、何かと忙しい方は多いと思います。仕事をしている、していないに関わらず、日常生活だけでもやることは多いですよね。そのような状況では、すき間時間や何かの合間に記事を読むことが多いのではないでしょうか。もちろん、大好きなアイドルのブログや人気作家の記事なら、お茶とお菓子を用意して、じっくりと読むのかもしれません。

しかし、実際何かを調べるような、情報を得るための記事は、「欲しい情報さえ得られればいい」「時間をかけず、サッと読みたい」と思いませんか。読む、という行為自体が「めんどくさい」と感じる方もいるかもしれません。

だからこそ、頭に入りやすく、読みやすい文章が求められます。

一番目に留まるのは「タイトル」そして「見出し」です。さらにはリード（導入文）で、

「この記事は何を言いたいのか、読むとどんなことが得られるのか」＝「主題」をしっかり提示させることが大きなポイントになります。

→タイトルや見出しのつけ方については、4章のＰ121を参考にしてください。

2．絶対におさえておきたい「記事の書き方のルール６つ」

ここでは**「どんな文章にも求められる、書く前におさえておきたいポイント6つ」**を紹介します。ここをおさえておかないと、せっかく一生懸命に書いた記事でも、誰の心にもヒットしない記事になってしまいます。

・絶対におさえておきたい「記事の書き方のルール6つ」

①想定読者として「あなたの友人や知人の1人」を思い浮かべて書く
②記事で本当に訴えたいことは一つにしておく
③タイトルや見出し（目次）だけで、書いてあることが分かるようにする
④記事で訴えたいこと（主題）は導入文（リード）にしっかりと書く
⑤本文も主題が先、詳細は後から書く
⑥文章を書く前に、文章の型（構成）を決めておく

次の6つを、一つずつ説明していきましょう。

①想定読者として「あなたの友人や知人の1人」を思い浮かべて書く

その記事の**想定読者（ターゲット）をあらかじめ「あなたの友人や知人の1人」に決めて書いていきましょう。**その人物に手紙を書くような気持ちで記事を書いていくようにします。メリットは主に3つです。

- **想定読者に記事の内容が届きやすくなる**
- **内容がブレにくくなる**
- **書く側も書きやすい**

自分の友人や知人を想定読者にするとして、**例えば「保育園のママ友の佳子さん（43歳女性／5人家族）」を読者と想定**しましょう。

その人の悩みを解決するような内容などを、相手に届くように、顔を思い浮かべながら書きます。

すると、**ただ漠然と「パートタイマーで働く、小学生の子どもをもつ40代のお母さんに向けて書く」より、同じような立場や背景の人にも届きやすくなります**。また、書き手も書きやすいのです。

②記事で本当に訴えたいことは一つにしておく

記事作成をしている方から、「情報の選択が難しい」、という相談をされることがあります。「あれもこれも良い情報なので、全部を原稿に入れ込みたいんです」「いい情報だから、切り捨てるのがもったいないと思ってしまって」ということですね。

その気持ちは分かりますが、伝わる記事としてまとめたいなら、情報の選別をする必要があります。**1記事で「訴えたいことを一つに絞る」ことは大切**なことです。

何でもかんでも盛り込んでしまうと、「山盛りによそいすぎたバイキング料理」のように、見た目（まとまり）が悪くなります。そして、本来おいしいはずのものも混ざってしまっておいしくなくなる（訴えたいことが多すぎで、意味不明になる）、というわけです。もし、その他にも伝えたい情報があるなら、別記事として書いていくといいですね。

③タイトルや見出し（目次）だけで、書いてあることが分かるようにする

タイトルはもちろんですが、見出し（目次）の内容を確認して、その記事を読むかどうかを決める人は多いです。

見出しは目次にもなりますので、目次をパッと見て、記事の概要が分かるようにするのがベストです。

↓見出しの作り方については4章のＰ１３０を参考にしてください。

見出しはスッキリ分かりやすく書くのがベストです。ダラダラ長く書くのは分かりにくくなってしまうのでＮＧです。２行になるような長い見出しは調整しましょう。

【見出しの長さの例】

（NG） 歯磨き粉（歯磨剤）を使うメリットを考えよう！　お口の中に清涼感を与え、少量の研磨剤で歯をつるつるにし、フッ素の効果で歯を強くする効果も期待！

（OK） 歯磨き粉（歯磨剤）を使うメリットとは？

このNGの例では、見出しとしては長すぎます。OKの例のように、簡潔に、一瞬で内容が分かるような見出しに整えていきましょう。

④記事で訴えたいこと（主題）は導入文（リード）にしっかりと書く

記事を読むときには、通常、導入文（リード）から読み進めますよね。

ここで、**その記事で分かることや読むメリットを知ってもらい、「興味や関心をもってもらうこと」「知りたい、読みたい気持ちになってもらうこと」**が大切です。

ですから、最初の導入文の部分で、記事で訴えたいことをしっかりと書いていくことが重要です。
さらに、ここでは「5W2H」をできるだけ入れるように意識すると、読者に情報が伝わりやすくなります（もちろん全部入れなくても構いません）。

【5W2Hとは】

When（いつ）
Where（どこで）
Who（誰が）
What（何を）
Why（なぜ）
How（どうする）
How much・How many（いくら、いくつ）

繰り返しになりますが、「人はできれば文章を読みたくない」ことを意識しておきます。
忙しく、必要な情報をなるべく手短に知りたい現代人が、「つい興味を引かれて、読み始めたら、どんどん読んでしまった！」という記事が書けるように努力していきたいですね。

→詳しい導入文の書き方については、４章のＰ１２５（②導入文を書く）を参考にしてください。

⑤本文も主題が先、詳細は後から書く

先に訴えたいことを②のように前面に押し出してから、その理由や具体的な詳細を書きます。この順番を守ると、頭にすっと入る文章になります。

それぞれの見出しの以下に続く、本文の書き方も、

・主題（見出しで一番伝えたいこと）を先に書く
↓
・その後に、その理由や具体的な詳細を書く

の順番で書いていきましょう。

⑥ 文章を書く前に、文章の型（構成）を決めておく

文章を書くとき、思いつきで何となく書き始めていませんか。実は何となく書き始めた記事は、途中で記事の着地点や伝えたいことがあやふやになることが少なくありません。

以前、こんな相談を受けたことがあります。

「実は私、ブログを書くのに、丸一日かかってしまうんです。だから、毎日書こうと思うと、ブログ以外、何もできなくなるんですよね。どうしたら早く書けるようになるのでしょうか」

せっかくがんばって書いたブログも、書く時間がかかったせいで、他に何もできなくなってしまっては、当然ブログの継続も難しくなってしまいます。

→ブログの書き方についてはこの章のＰ59を参考にしてください！

その場合は、文章の型（文章の設計図）を使いましょう。文章の型を使い、先に書きたい内容と流れを決めておくと、効率よくスムーズに書けますし、記事の中身もブレにくくなります。

3.【知っておきたい設計図】文章の型4つを紹介します

「文章に苦手意識のある方」「記事（ブログ）を書くのに時間がかかる方」は、ぜひ、設計図（文章の型）を使って書いてみましょう。

書きたい内容を見出しにして、流れを明確にしてから、肉付けとして本文を書いていきます。

今回紹介する、文章の型（文章の設計図）は以下の4つです

- **PREP型（結論優先型）**
- **ポイント列挙型**
- **挫折から這い上がって今がある（ストーリー）型**
- **序論・本論・結論型**

使いやすく重宝する4つの文章の型を紹介します。他にも文章の型は複数ありますが、まずはこの4つの型を覚えれば、記事はかなり書きやすくなります。

もちろん、一般の記事だけでなく、ブログにも使えます。ブログはアウトプット（学びを行動に反映させること）に最適なので、ぜひ文章の型を使って書いてみてください。

3-1. PREP（プレップ）型（結論優先型）

PREP型というのは、結論を優先させて伝える型であり、資料のプレゼンなどにも使われるものです。説得力をもたせて伝えることができる型になります。

POINT・REASON・EXAMPLE・POINTの頭文字をとって、「PREP」と呼ばれています。

PREP型（結論優先型）の構成は、

①「P」＝POINT　結論や要点（自分が主張したいポイント）
②「R」＝REASON　理由や根拠（どうしてその結論に至ったのか？）
③「E」＝EXAMPLE　具体例（理由を裏付ける実例を挙げる）
④「P」＝POINT　結論や要点（再度、自分が主張したいポイントを示す）

という流れになります。ここでは「1行で書いた記事の内容のメモ」で流れをみていきましょう。

【例文】

①「P」結論や要点

玄米食は健康的な毎日を送りたい方におすすめです。

②「R」理由や根拠

（なぜなら）玄米の胚芽とぬかに食物繊維やビタミン、ミネラルが多く含まれているからです。文部科学省の「日本食品標準成分表2020年度版」によると、玄米は可食部100gあたり、食物繊維が3gも含まれています。

③「E」具体例

（例えば）私の場合は、玄米を食べ始めたらお通じがよくなりました。便秘が解消されて、お肌のトラブルも消え、つるつるになりました。

④「P」結論や要点

（そのため）私は玄米食で体調の良さを実感したので、皆さんにもおすすめします。

【PREP型のポイント！】

この構成を使うときのポイントをお伝えします。

①の「P」結論や要点は、とにかく主張したいことを入れます。

②は「R」理由や根拠を入れます。文頭に「なぜなら」を使うと書きやすいです。ここは「説得力」をもたせるために、**公的機関などの信頼できるデータの数字**を入れ込んでみてもいいですね。その情報を入れるだけで、信頼度がぐっと上がり、質のいい記事になります。

③の「E」具体例は、**具体的な体験談など**を伝えます。文頭に「例えば」や「実際に」を入れて書くと説明しやすいです。

仕事など、実際に行っていた例を入れてもいいですね。とにかく**リアルな情報**を入れることで、価値のある内容になり、説得力も飛躍的にアップします。

④の「P」結論や要点は、①と同じような内容をあえてもう一度入れます。文頭に「そ

のため」を入れてまとめてもいいですね。②と③を読んでからの④なので、納得をして結論を受け止められる状態です。**全体のまとめとして伝えるイメージ**でいいでしょう。

さらに伝わりやすい！ＰＲＥＰ型＋「主題への反論」

反論への対応の文章を入れることで、さまざまな立場の人に配慮ができ、客観性が増します。そして説得力も強くなります。次のような型です。参考にしてください。

【ＰＲＥＰ型】＋主題への反論は、

①POINT　結論や要点（主題／自分が主張したいポイント）
②REASON　理由や根拠（どうしてその結論に至ったのか？）
③EXAMPLE　具体例（理由を裏付ける実例を挙げる）
④（＋α）主題への反論（主題に反論する人へ対応する内容を入れても良い）
⑤POINT　結論や要点（再度、自分が主張したいポイントを示す）

3-2. ポイント列挙型

ポイントを並べるため、「ポイント列挙型」と呼んでいますが、この型は「列挙型」や「リスト型」とも呼ばれています。

ポイント列挙型の構成は、

①全体像を伝える
②ポイント1つめ を説明
③ポイント2つめ を説明
④ポイント3つめ を説明 ……（ポイントはいくつでも列挙OK）
⑤まとめ

複数の情報を並べる場合に使いたい文章の型です。書き出し（リード/導入文）の部分で記事全体の内容を把握させて、「△△のポイント○つを紹介していきます」などと説明しておくと分かりやすいです。

では、簡単メモで内容をみていきましょう。

【例文】

①全体像を伝える

絶対におさえておきたい、みなとみらいの厳選デートスポット3選をご紹介します！

②ポイント1つめ を説明

厳選デートスポット1つめは、横浜ランドマークタワー。

③ポイント2つめ を説明

厳選デートスポット2つめは、横浜美術館。

④ポイント3つめ を説明

厳選デートスポット3つめは、よこはまコスモワールド。

⑤まとめ

みなとみらいはデートで楽しめる場所が盛りだくさん！　ぜひ行ってみてくださいね。

【ポイント列挙型のポイント】

ポイント列挙型は、「何かをするためのポイント」や「〇〇したい場合のコツ」など、情報を並べたい場合に使用します。例えば、ポイント1つめと2つめを逆にしても、同等の価値で問題ない情報が適しています。

また、このポイント列挙型の構成を少々応用させて、「ベスト5」などの優先順位を入れても使えます。その場合は、並列した「ポイント1~ポイント5」を、「ベスト1位~5位」と順位を付けるだけです。試してみてくださいね

3-3. 挫折から這い上がって今がある(ストーリー)型

人は「挫折から這い上がり成功」するストーリーに興味をもちやすいです。特に挫折の部分では、その人の逆境が赤裸々に語られるほど、共感を呼びます。

その人の心理をうまく使って文章を書くと、次の型のような流れになります。

挫折から這い上がって今がある型の構成は、
①過去のマイナスな状況（挫折など）
②転機
③現在の姿（過去より成長した姿）
④未来や展望

ここでは「斉藤の過去の演劇時代の経験談」のメモからみていきましょう。

【例文】

①過去のマイナスな状況（挫折など）

私は大学で演劇を学んでいましたが「演劇には向かないハスキーな声だね」と演出家に言われ続け、ひどく悩んでいました。声のコンプレックスで完全に自信を失い、夢を諦めようとしていました。

②転機

しかし、あるミュージカルで出会った演出家から「それは君の個性だからうまく生かせばいい」とはじめて肯定的なアドバイスをされ、ハッとしたんです。

③現在の姿（過去より成長した姿）

そのときから、このハスキーな声に合った役を探して選び、役作りに没頭しました。

④未来や展望

「これからは自分の個性を生かした女優になる」。未来に希望の光が差し込んだ気がしました。このハスキーな声も愛しながら、唯一無二の女優を目指そうと思っています。

【挫折から這い上がって今がある型のポイント】

この構成は自分のプロフィールを作成するときにも、共感を生みやすく、使いやすい型です。また、人物取材やインタビューの記事でこの型を使うと、読者の共感が得られて「もっと先を読みたい」と思ってもらいやすくなります。

①の「過去のマイナスな状況」では、その人ならではの辛さや困難をしっかりと伝えることで、「そしてどうなったの？」という読者の興味を引き、後のストーリーにも生きていきます。そして最後まで読まれやすくなります。

「挫折の部分を可能な限り赤裸々に伝える」や「言いにくいような本音の部分を深堀りして入れる」こともポイントです。ぜひ参考にしてください。

3-4. 序論・本論・結論型

序論・本論・結論型は、どんな内容の文章にも当てはめやすい型です。ブログやSNSなど、何にでも活用できるので、ぜひ使ってみてください。

序論・本論・結論型の構成は、
①序論（主題や一番伝えたいことを書く）
②本論（序論を受けての理由や根拠、意見、エピソードなど）
③結論（結論・結末を書く）

ここではみなさんがきっと興味のある「ダイエット」の簡単メモでみていきます。

【例文】
①序論・・・主題や一番伝えたいことを書く

ダイエット中のみなさん、「フルーツはヘルシーだからたくさん食べても太らない」と思っていませんか。それは大きな勘違いです。

②本論・・・序論を受けての理由や根拠、意見、エピソードなど

私は「フルーツは太らない」と思い込み、フルーツダイエットを決行。ご飯代わりにフルーツをモリモリとお腹いっぱい食べていたら、なんと2週間で2kgも増量してしまいました。当たり前ですが、フルーツも食べすぎると太ります。

③結論・・・結論や結末を書く

やはり、何でも「食べすぎには注意」です。ダイエットをするなら、摂取カロリーもしっかり考えて行っていきましょう。

【序論・本論・結論型のポイント】

序論・本論・結論型のポイントは、3部構成の役割の部分です。

序論では、この記事は「誰に」「何を」伝えたいのか、を明確にします。この部分はタイトルにも反映されます（主題）。

本論では、事例やデータを紹介し、序論の主張部分（主題）を支えます。正しい情報を分かりやすく伝えます。

結論では、まとめに入ります。序論で伝えた内容を、本論で説得力をもたせて、最後の結論で簡潔に分かりやすく書きます。

次は、「序論・本論・結論型」を取り入れた、ブログ記事の作成の例をご紹介します。

4.【ブログ記事の書き方】3部構成の型を使って書いてみよう

ここでは、「序論・本論・結論型」の応用編として、アメブロなどのブログ記事の書き方を紹介します。

↓ワードプレスを使うブログの場合は、SEOが必要なので、4章のP113を参考にして書いてみてください。

【例・3ヵ月で10キロのダイエットを大成功させた主婦ブログの場合】

↓この主婦が提供した「価値のある情報」は、「ダイエットの方法」です。

記事案の作り方ですが、**「ブログ読者が自分に質問してきそうな内容」を箇条書きで出**

していきます。その一つをブログで1記事にしていくと書きやすいです。

「ブログ読者の質問に答えるために、この1記事がある」と考えましょう。


ブログの読者は、この主婦に聞きたいことがいくつかあったとします。

例えば、「糖質制限を実践してダイエットに成功されたそうですが、具体的な方法を知りたいです」と質問があったとします。

その質問を1記事にしていきます。

ブログを書くことは、書く練習にもなりますので、ぜひ継続して書いてみましょう。


【ブログの例】

① 【序論】読者の「聞きたいこと」を紹介して説明します。（主題や一番伝えたいことを書く）

こんにちは、3ヵ月で10キロ痩せたダイエッターの○○です。今回は私のブログを読んでくれている読者様より「糖質制限でのダイエット、実際に行った詳しい方法を知りたい」とメッセージが届きました。ありがとうございます！

この記事では、私が実際に行って成功した「無理なく、スルッと痩せられる糖質制限ダイエット」についてお話ししていきますね。

②【本論】ブログの読む価値を提示します。(序論を受けての理由や根拠、意見、エピソードなど)

私の行った糖質制限はまったく無理なくできる方法なんです。だって、無理しても続かないですよね。……で、ダイエットの進め方は以下の通りです。

(※ここで実際に自身が行ったリアルな糖質制限ダイエットの説明をします。箇条書きを交えながら、詳細などを書きます)

手順1．体重を量り、目標の体重を決める……(詳細を書く)
手順2．食べる順番のルールを決める、糖質はカットする……(詳細を書く)
手順3．ダイエット息抜きデーを設定……(詳細を書く)
手順4．外食があっても1週間以内で調整する……(詳細を書く)

※ここは自分のリアルな経験談を語れるので価値があります(価値提供が可能)。
※また、本論の裏付けとして、「なぜ糖質制限ダイエットは痩せるのか、その理由」なども、信頼のおけるデータ(公的機関などのもの)の数字を入れると、説得力のある記事になります。

③【結論】結論、結末を書きます

結論は、全体のまとめです。

信頼性のある数字＋実際の経験談を参考にした「本論の裏付けの確認」＋「ですから、糖質制限ダイエットはおすすめです」、だから「無理をしない程度に、ぜひ取り入れてみてくださいね」などと簡潔に締めるといいでしょう。

文章を学ぶ②

3章

「基本の文章の書き方」を知っておこう

ここからは基本の「き」でもある、「基本の文章の書き方」について紹介していきます。

基本はとても大事です。どんなに面白い内容でも、まとまりがなく、理解しにくい文章で書いてあったらどうでしょうか。あなたは読み続けられるでしょうか。

「読みやすく、分かりやすい」文章でなければ、読者は途中で離脱してしまうかもしれません。それは残念ですよね。

この「基本の文章の書き方」をおさえておくと、読みやすい文章になります。ぜひ覚えてみてください。

そして、今日から、記事を書くときの参考にしてくださいね。

①主語と述語は近づけよう

【Before】

お母さんは、登校前の子どもに、今日は学童があるから、小学校の授業が終わったら、帰宅しないで学童に向かうことと、学童の先生にこの書類を渡さなければならないので、忘れないようにしなさい、と**言った。**

↓

【After】

お母さんは、登校前の子どもに**言った。**

「今日は学童があるから、小学校の授業が終わったら、帰宅しないで学童に向かうこと。あと、学童の先生にこの書類を渡さなければならないので、忘れないようにしなさいね」

主語と述語が離れていると、文章が分かりにくくなります。分かりにくい文章は読んでいてストレスになるので、読まれなくなってしまいます。すんなりと読ませるためには、主語と述語を近づけて書きましょう。

また、Beforeでは、一文（句点までの一つの文章）が長くなってしまっているのも、読みにくさの原因です。

一文の長さについては、**⑭無駄な文は思い切って削ろう** でもお伝えしていますので、ご確認ください。

② 主語と述語の組み合わせは合っている？

【Before】

うちの子の好きなカレーは、りんごやはちみつを入れて甘くしていこうと**考えています。**

↓

【After】

うちの子の好きなカレーは、りんごやはちみつを入れて**甘く作ってある一皿です。**

主語と述語が合わないと「意味不明」な文章になってしまいます。

確認するときは、「主語と述語だけ」で読んでみて、文章の意味が合うかを確認しましょう。

※主語とは（～は、～が、～もなど、文章の主体となる言葉など）、述語とは（主語の

動作や作用、性質、状態を表す言葉）です。

【②の Before の主語と述語をつなげて読むと？】

主語：うちの子の好きなカレーは、

述語：考えています。

つなげると、

×「うちの子の好きなカレーは、考えています」になってしまいます。

どこかおかしいですね。

【②の After の主語と述語をつなげて読むと？】

主語：うちの子の好きなカレーは、

述語：甘く作ってある一皿です

つなげると、

○**「うちの子の好きなカレーは、甘く作ってある一皿です」**

読んでみて、意味が分かります。これで良いですね。

③修飾語は飾りたい言葉のすぐそばにおこう

【Before】
やさしいお母さんの励ましの言葉
↓
【After】
お母さんの**やさしい**励ましの言葉

Beforeの場合だと、「お母さん」がやさしいのか、「励ましの言葉」がやさしいのか、どちらともとれてしまい、分かりづらいです。

Afterの場合は、「励ましの言葉がやさしい」とすぐに分かります。修飾語は飾りたい言葉のすぐそばにおきましょう。どこを修飾しているのかはっきりするので、分かりやすい文章になります。

④専門用語は最初に説明しておこう

【Before】
歯頚部のむし歯が気になっています
↓
【After】
歯頚部（しけいぶ）（歯と歯肉のさかい目の部分）のむし歯が気になっています

歯頚部は「しけいぶ」と読みます。歯科関係の人は使っても、一般の人はなかなか使わない言葉でしょう。

そのような、一般の人が分からないような**専門用語は、最初に出てきた時点でルビ（ふりがな）を振り、カッコを使って分かりやすい説明を入れて**おきます。

また、**組織名や略称なども同様**に考えます。

例：WHO（世界保健機関）、IPCC（気候変動に関する政府間パネル）のような言葉も、カッコでルビや説明、正式名称を入れておきましょう。

⑤読点の打ち方って？（打つ位置で意味が変わる）

【Before】

息子は唐揚げを食べながら、ワンワンと吠えている柴犬を見た。

↓

【After】

息子は、**唐揚げを食べながらワンワンと吠えている柴犬**を見た。

読点（、）の場所が異なると、意味も違ってくることがありますので、注意しましょう。Before の場合、唐揚げを食べているのは「息子」です。しかし、After の場合は、唐揚げを「柴犬」が食べていることになります。

読点の場所だけで、意味が大きく変わるのが分かりますね。

⑥「こと」「もの」の使いすぎに注意しよう

【Before】

子どもの意見を尊重することは大事な**こと**だ。子どもを理解する**こと**で反抗的な言葉を言う**こと**も減る。

↓

【After】

子どもの意見を尊重することは**大事だ。**子どもを理解すれば反抗的な**言葉も減る。**

Beforeは「こと」をたくさんくっつけている文章です。しかしAfterでは、すべての「こと」を削っています。Afterのほうがスッキリ読めると思いませんか。

また、「もの」も同様に、内容をぼやけさせる言葉です。

【追加例文：Before】

教科書とは、学校の教科用に編集した**もの**である

↓

【追加例文：After】

教科書とは、学校の教科用に編集した**書籍**である

「こと」「もの」は便利なので、ついつい使いたくなります。しかし、ものごとを抽象化させ、文章もぼやけさせてしまいます。使用を控えて、適切な言葉を使いましょう。

⑦漢字とひらがなを使い分けていこう

【Before】

ママ友に相談した**所**、『迷っている**時**は決断をしないで**置いた**方がいいよ』との**事**だった。

↓

【After】

ママ友に相談した**ところ**、『迷っている**とき**は決断をしないで**おいた**方がいいよ』との**こと**だった。

上記の場合、どこを漢字にして、どこをひらがなにするのか、分かりにくいと思います。

実は、形式名詞「ところ・とき・こと」や補助用語「おき」などは、ひらがなにします。

見分け方としては、例えばBeforeの「迷っている時」の「時」が、「〜の場合」と同じ意味なら、ひらがなの「とき」が正解です。

「時」を漢字で使う場合は、「朝ごはんの時」「3歳の時」など、時間や時期に関わる場合です。同様にBeforeの「ママ友に相談した所」の「所」も、場所を示していないので、ひらがなで書きます。

⑧同じ言葉を繰り返さないようにしよう

【Before】
いただいた海外土産の**チョコレート**はすごく甘い。一概にいえないが、外国製の**チョコレート**は日本人の口に合わなかったり、**チョコレート**の香料も独特だったりする。

↓

【After】
いただいた海外土産のチョコレートはすごく甘い。一概にいえないが、外国製のお菓子は日本人の口に合わなかったり、香料も独特だったりする。

同じ言葉が何度も繰り返されると、文章がくどくなってしまいます。Beforeは「チョコレート」が3回も出てきますね。

この文章の場合、書き手が「チョコレートのことを語ろうとしているのか」「お菓子全般のことを語ろうとしているのか」でも少々表現は異なってくると思いますが、After のように同じ言葉はできる限り削っていきます。

可能なら、別の言葉に置き換えてみると、スッキリ読みやすくなります。

⑨無駄なつなぎ言葉（接続詞）を取ってスッキリさせよう

【Before】

僕のお母さんは「獣医が天職」だという。その理由は**まず**、動物が好きなこと。**そして**動物の役に立つのがうれしいこと。**さらに**動物に深い愛情を注げるからだ、と話してくれた。

↓

【After】

僕のお母さんは「獣医が天職」だという。その理由は動物が好きであり、役に立つのがうれしく、深い愛情を注げるからだ、と話してくれた。

After では、つなぎ言葉（接続詞）を全部削っています。

接続詞を多用してしまうと、ゴツゴツした硬い印象の文章になります。やわらかい文章のほうがスムーズに読めるため、無駄な接続詞は削ってしまいましょう。

基本的に、「接続詞がなくても文章の意味が通じる」ときは、取ってしまって問題ありません。

しかし、例外もあります。例えば、小論文などの論理重視の文章は、あえて段落の冒頭などに適した接続詞を使うと、論理が際立つこともあります。

⑩余計な指示語（こそあど言葉）を取ってスッキリさせよう

【Before】

ママ友にヴィーガン（完全菜食主義者）がいる。**こういう人**はたまに見かけるが、**それ**を完全に実践するのは大変だろう。**それ**を続けるには手間がかかるからだ。

↓

【After】

ママ友にヴィーガン（完全菜食主義者）がいる。たまに見かけるが、完全に実践するのは大変だろう。続けるには手間がかかるからだ。

Afterは余計な指示語を全部削っています。

指示語は「こそあど言葉」と言ったりしますが、これを多用すると読みにくく、くどい文章になります。できるだけ削りましょう。

※ただし、**長い名詞が出てきた場合、2回目から「これ」などと表現すると、逆にスッキリすること**もあります。

【追加例文：Before】

「保育士のSさんおすすめ『**平日3時間お預かりパック（5歳まで）**』という子どもお預かりのコースがあります。『**平日3時間お預かりパック（5歳まで）**』の具体的な内容は～」

↓

【追加例文：After】

「保育士のSさんおすすめ『**平日3時間お預かりパック（5歳まで）**』という子どもお預かりのコースがあります。**この**具体的な内容は～」

長い名詞＝『平日3時間お預かりパック（5歳まで）』を「この」に変えて表現すると、スッキリしますね。

こそあど言葉とは次のようなものになります。確認してみましょう。

	物・ことがら	場所	方向	性質・状態
自分に近い（こ）	これ この	ここ	こちら こっち	こう こんな
相手に近い（そ）	それ その	そこ	そちら そっち	そう そんな
両方から遠い（あ）	あれ あの	あそこ	あちら あっち	ああ あんな
わからないもの（ど）	どれ どの	どこ	どちら どっち	どう どんな

⑪「れる」「られる」は最小限にしよう

【Before】

こちらのテーマと**されている**のはワンオペ育児関連で、話し合いが**なされれば**、具体的な対応策の検討に入ると**思われます。**

↓

【After】

私がテーマ**としているのは**ワンオペ育児関連で、話し合いが**できれば**、具体的な対応策の検討に入る**でしょう。**


Beforeでは、「れる」「られる」という受身形（受動態）を使っていますが、これは主語が不在で、文章をあいまいにします。

受身形は必要なとき以外は使わないのがベスト。Afterのように直し、主語をはっきりさせて、説得力をもたせましょう。

⑫「と」「に」「や」の正しい使い方を覚えておこう

【Before】

昨日の公園での保育には、りんちゃん、らんちゃん、あんちゃん**と**ゆいちゃんが参加した。

↓

【After】

昨日の公園での保育には、りんちゃん**と**らんちゃん、あんちゃん、ゆいちゃんが参加した。

Before は「と」が最後にきているのに対して、After は最初に修正されています。

実は、対等な語句を並べるにもルールがあります。

「と」「に」「や」などの並立助詞は**「最初の語句の後」につけるのが原則です。**3つ以上の語句を並べるときには「とか・も・やら」なども使いますが、これらも同様に最初の語句の後に入れて、その後に読点（、）で単語をつなげます。覚えておきましょう。

⑬述語は一つにまとめてスッキリさせよう

【Before】

娘はケーキも**食べた**し、ゼリーも**食べた**し、アイスも**食べた**。食べすぎだ！

↓

【After】

娘はケーキも、ゼリーも、アイスも**食べた**。食べすぎだ！


Afterでは、「食べた」という動詞を一つにまとめています。

同じ動詞を用いる名詞（目的語）が並んだ場合は、すべて一つの動詞でまとめてスッキリと読ませましょう。

また、「話す・しゃべる・会話ができる」など言葉が異なるものも、同じような意味なので、どれか一つの動詞にまとめることが可能です。

「できるだけスッキリ読ませる」のが、いい文章です。

⑭無駄な文は思い切って削ろう

【Before】

それでは早速ですが、比較に入っていきましょう。

A保育園、B保育園ともに、それぞれ特徴が異なっています。つまり、保育のどの点を重視しているのかによって、どちらがおすすめか異なるというわけです。それぞれの**保育園はどんな人に**おすすめ**なのでしょうか？**（120字）

↓

【After】

A保育園とB保育園は特徴が違い、保育のどの点を重視しているのかによっておすすめが異なります。比較してみてください。（57字）

同じ内容なら、少ない字数で表した方が、伝えたい内容がハッキリします。

Beforeは説明がくどく、「異なる」「それぞれ」「おすすめ」など同じ言葉を繰り返していて、長たらしく読みにくい印象です。繰り返しで使っている言葉や必要のないくだりは思い切って削りましょう。

Afterは同じ内容でも、余分な部分を削ってスッキリさせています。文字数もBefore

は120字ですが、After は57字です。

⑮漢語より和語でやさしい印象にしよう

【Before】
お兄ちゃんは**意固地**になって、弟に**悪口雑言**を浴びせた。そしてお母さんに怒られた。

↓

【After】
お兄ちゃんは**つまらない意地**を張って、弟に**口ぎたなくさまざまな悪口でののしった**。そしてお母さんに怒られた。

漢語とは、漢字で組み立てて音（おん）で読む語。文字数を少なくするためにはいいですが、硬い感じがします。また、意味が難しい言葉もあります。
これを日本人のなじむ和語に置き換えると印象がやわらぎ、優しく読みやすくなります。

【漢語から和語にする例】
・歩行する→歩く
・遅延する→遅れる

・就寝する→寝る・眠る

なども参考にしてくださいね。

⑯ひらがな表記の方がいい言葉とは？

【Before】

子どもとペットショップに行ったら「インコの餌は**生憎**、**只今**売り切れですが、**其れ**の代わりになる**御品**が**御座います**」と店員に言われた。

↓

【After】

子どもとペットショップに行ったら「インコの餌は**あいにく**、**ただいま**売り切れですが、**それ**の代わりになる**お品**が**ございます**」と店員に言われた。

漢字をひらがなにすることを「ひらく」と言いますが、その方がずっと読みやすい言葉があります。

「生憎（あいにく）」「其れ（それ）」などは、漢字だと古めかしく感じますよね。表記は媒体によりさまざまですが、一般的にはひらがな書きにして、やわらかく書くことにしましょう。

⑰敬語（尊敬語）の使い方は大丈夫？

【Before】
娘の小学校の**校長先生様**がご覧に**なられました。**
↓
【After】
娘の小学校の**校長先生**がご覧に**なりました。**

Beforeは二重敬語になっています。

職名や職業名は敬称扱いにするのが原則なので「様」は削ります。「なられました」を「なりました」とするのは、尊敬語は「ご・お～になる」が正しい形だからです。

分かっているつもりでも、意外と忘れがちな尊敬語と謙譲語、丁寧語をここで復習しましょう。

・尊敬語

尊敬語は、目上の人や自分より立場が上の人に対して、相手を敬う（立てる）気持ちを表す敬語です。社長や上司、先生などに使います。

・**謙譲語**

謙譲語は自分がへりくだることで相手を立て、敬意を表す敬語です。自分や自分の身内が主語になります。

・**丁寧語**

これは誰に対しても使える敬語です。語尾に「です」「ます」「ございます」など、言葉の先頭に「お」「ご」をつけて、言葉をていねいにして敬意を表します。

⑱謙譲語の使い方は大丈夫?

【Before】

教頭先生が**参られた**そうなので、**私たち**もそろそろ**参りませんか**。

↓

【After】

教頭先生が**いらっしゃった**そうなので、**私たち**もそろそろ**参りましょう**か。

謙譲語とは自分を下げて相手を持ち上げる言葉です。「参る」は「行く・来る」のへりくだった言い方なので、Beforeのように教頭先生に対して使うのは適していません。「いらっしゃった」が正解です。

また、「私たち」は私（自分）以外の人も含むので、「参りませんか」とすると、他者に「参る」＝へりくだった言葉、を使用することになり、おかしくなります。自分主体の言い方「参りましょうか」とすれば、問題はありません。

⑲「てにをは（助詞）」の使い方に注意しよう

【Before】

「回転ずし**を**食べたい」子どもたちと「焼肉**を**食べたい」子どもたちに分かれてしまった。

↓

【After】

「回転ずし**が**食べたい」子どもたちと「焼肉**が**食べたい」子どもたちに分かれてしまった。

Afterで使っている、助詞の「が」は、意思や感情、希望を表現します。

ですから、「〜したい」で終わる文章など、意思や希望を伝えている場合は、Beforeの

「を」より、Afterの「が」を使う方がしっくりいきます。

ただし、「～したい・と思います」の「思います」や、「～したい・と望んでいます」の「望んでいます」などがつく場合は、客観性をもった「を」を使います。

例：「回転ずし**を**食べたいと思います」

助詞のチェックでは、文章を何度か読み返して、違和感がないかを確認しましょう。

⑳ 二重表現（重ね言葉）はさけよう

【Before】
話下手の息子が**一番最初**にスピーチを披露するかと思うと、お母さんは心配で**胃痛が痛い**。
↓
【After】
話下手の息子が**一番**にスピーチを披露するかと思うと、お母さんは心配で**胃痛**がする。

二重表現（重ね言葉）は重言（じゅうげん）とも言いますが、「同じ意味の語を重ねる日本語表現」のことです。ついついやってしまいがちなので注意しましょう。

Beforeの「一番最初」ですが、「最初」という言葉には「一番初め」という意味があり、これは代表的な重ね言葉になります。

「まず最初に」なども同様で、重ね言葉になるので注意しましょう。

また、後半の「胃痛が痛い」も「胃痛」は「胃が痛い」という意味なので、「痛い」という意味が被る、重ね言葉になります。

その他、**よく使いがちな重ね言葉**は、

・大体～くらい
・約～程度
・挙式を挙げる
・加工を加える
・返事を返す
・今の現状

・最後の追い込み
・違和感を感じる
・後で後悔する
・色が変色する

などがありますので、注意しましょう。

㉑二重否定もさけよう！

【Before】
野菜が嫌いな子どもにも**好まれないわけではない。**
↓
【After】
野菜が嫌いな子どもにも**好まれる。**

Beforeの「好まれないわけではない」のような表現は、Afterの「好まれる」としたほうが断然スッキリ読めますね。

二重否定とは、「～ない～ない」など、否定の意味をもつ言葉を二つ続けて用いる表現です。これは、意見をハッキリと述べにくい場合に使われがちです。

しかし、二重否定の表現はあいまいで、意味が分かりにくくなってしまうので、使わないようにしましょう。

㉒語尾はバラして、リズムよく！

【Before】

娘が新型コロナウイルス感染症で陽性になり、自宅療養になり**ました**。熱は39度まで上がり**ました**。私は急いで娘をベッドに寝かせ**ました**。

↓

【After】

娘が新型コロナウイルス感染症で陽性になり、自宅療養に**なりました**。熱は39度まで上がり**……**。私は急いで娘をベッドに寝かせた**のです**。


「〜ました、〜ました」や「〜です、〜です」など、語尾に同じ表現が続くと、単調な印象になり、文章のリズムが悪くなります。

同じ語尾はせいぜい2回まで。できればAfterのように、一文ごとにバラバラになるようにしましょう。

㉓難しい言葉は使わないでいい

【Before】

子どもがビーズ作品展で入賞した。**珠玉（しゅぎょく）の作品**だった。

↓

【After】

子どもがビーズ作品展で入賞した。**美しく立派な作品**だった。

文章を書くとき、あえて難しい言葉を使う必要はありません。難しい言葉は使いすぎると意味を間違いやすくなります。中学生でも分かるような文章がベストです。

※例文の珠玉とは「真珠や宝石、美しいものや立派なものの例え」で、小さくて素晴らしいものに使います。大きなものには使用しません。普段使わない言葉だと、つい間違って使ってしまうことがあるので、注意しましょう。

㉔オノマトペを使って表現してみよう

【Before】

3歳の娘はお母さんに向かって全速力で走ってきた。しかしあと一歩のところで転んで泣いてしまった。

↓

【After】

3歳の娘はお母さんに向かって**タッタッタ**と全速力で走ってきた。しかしあと一歩のところで**ドテッ**と転んで、**うわーん**と泣いてしまった。

オノマトペとは、物事の状態を表す擬態語（きらきら、わくわくなど）、音を言葉で表した擬音語（ガラガラ、ぽつぽつなど）、人や動物の発する声を表した擬声語（ワンワン、ぺちゃくちゃなど）の言葉です。

Afterのようにオノマトペを入れると、臨場感が出て、リアリティが増します。適宜使ってみてください。

㉕決まり文句はさけよう

【Before】

家族で泊まった旅館の夕飯に**こだわりの逸品**が出て、娘は**ごはんをぺろりと平らげた。**

↓

【After】

家族で泊まった旅館の夕飯に**地元名物の味噌煮込み鍋**が出て、娘は**ごはんがすすみ、あっという間に完食した。**

Beforeの「こだわりの逸品」「～をぺろりと平らげた」は昔から使われている表現で、一度は聞いたことがあるのではないでしょうか。これらは「常套句（じょうとうく）」と言います。

Beforeのような決まり文句は「手垢のついた表現」とも言われていて、多くの人がもつ「共有イメージ」に頼ってしまうことになります。もちろん、文章のオリジナリティもなくなってしまいます。

文章は伝えたいことに忠実に、具体的に書くことが大切なのです。

その他、決まり文句と言われる言葉には、

・**黒山の人だかり**
・**一面の銀世界**
・**カモシカのような足**

などがあります。これらの言葉に頼らずに、伝えたいことは自分の言葉で表現するようにしてみましょう。

㉖話し言葉と書き言葉を混ぜないようにしよう

【Before】

あのママ友は**やっぱ、**見栄っ張りなようだ。**なので、**自慢話しかしないのだ。

↓

【After】

あのママ友は**やはり**見栄っ張りなようだ。**だから、**自慢話しかしないのだ。


Beforeの「やっぱ」「なので」は、Afterのように「やはり」「それで」と直しています。話し言葉をそのまま文章に混ぜてしまうと、そこだけ変にラフになって、違和感が出てしまいます。

書き言葉のときは、統一感を出すためにも、話し言葉を混ぜないで、品を保つようにしましょう。

㉗一文に内容を詰め込みすぎ禁止！（一文は60文字程度までにしよう）

【Before】

あの保育園が親御さんから称賛されたのは、子どもたちのやる気を、園が上手に引き出し、ダンスやパラバルーン、徒競走の練習も、園児全員が楽しみながら一生懸命取り組めてい**たということと、**準備万端で運動会の当日を迎えられたということが、子どもたちにとって何物にも変えられない**経験となっているからだ。**

↓

【After】

あの保育園が親御さんから称賛されたのは、子どもたちのやる気を、園が上手に引き出してくれたから**だ。**

ダンスやパラバルーン、徒競走の練習も、園児全員が楽しみながら一生懸命取り組めてい**た。**

準備万端で運動会の当日を迎えられたということが、子どもたちにとって何物にも変えられない経験となった**だろう。**

一文にたくさんの内容を詰め込みすぎると、読み手はウンザリします。読みにくくなるし、内容が理解しづらくなります。After は分かりやすく、3つの独立文にしています。

読みやすい文章にするには、**一文（句点「。」まで）を40〜60文字くらいまでにしておくことです**。ワードで書くと、文字数も確認しやすいので、こまめにチェックしてみてください。

そして、**「一文一意」（一つの文章では一つのことしか言わない）**を心がけましょう。

㉘カギカッコの会話文で文章を読みやすくしよう

【Before】

はじめて行ったテーマパークに、子どもたちは大喜び。**最初にジェットコースターに乗り、次はお化けやしきと観覧車に行くと決めて、**にこにこ笑顔で走り回っていました。

↓

【After】

はじめて行ったテーマパークに、子どもは大喜び。

「最初にジェットコースターに乗り、次はお化けやしきと観覧車に行くんだ」と、にこにこ笑顔で走り回っていました。

同じ内容なのですが、After は「最初にジェットコースターに乗り、次はお化けやしきと観覧車に行くんだ」を、カギカッコで会話文にしています。**カギカッコをつけることで、視覚的にも見やすく、読みやすくなります。**また、人物の声として入れることで、親近感もわきやすく、よりリアルな印象になります。

また、カギカッコには「強調」の意味もあります。注意を引きたい内容に、あえてカギカッコをつけて表現するのもいいでしょう。

地の文（会話以外の説明の部分）とカギカッコをうまく使い、読みやすい文章を作っていきましょう。

SEOを学ぶ

4章

おうちで仕事ができる！
SEOライティングを知ろう

1．SEOライティングの基本を知ろう

「では、早速ライターの仕事をはじめます！」となったときに、最初に仕事がもらいやすいのは、SEO記事のライティングでしょう。

現在はさまざまな業界で「Webからの集客」に取り組んでいるため、SEO記事（コンテンツ）の需要は高くなっています。ですので、良質なSEO記事が書けるライターは、多くの企業で引っ張りだこなのです。

クラウドソーシングサイトなどでもSEO記事が書けるライターを広く募集しています。

特にSEO記事は、家にいながらWebで調べて書くことができ、納品が可能なため、在宅ワークとしても人気が高いです。すき間時間を有効に使いたいライターにはおすすめです。

そのためにも、最初はざっくりでいいので、SEOの基本を頭に入れておきましょう。

この章では、**「SEOとは何か」**から**「SEOに強い記事を作る際の考え方」**、そして**「SEO記事の具体的な書き方」**までお伝えしていきます。

※本書では、クライアントなどからキーワードを指定された場合の「キーワードあり き」の記事作成についてお伝えします。

1-1. SEOって何？

SEOとは、「Search Engine Optimization」の略で、「検索エンジン最適化」という意味です。「検索エンジン」はネットで調べる人なら、一度は使ったことがありますね。

検索エンジンとは「検索窓」と呼ばれるボックスに調べたいキーワードを入れると必要とする情報を検索できるシステムのことです。インターネット上に存在する情報（Ｗｅｂページや画像など）なら、何でも検索ができます。

1-2.「SEO対策＝Google対策」の認識でOK！

「検索エンジン」と一言で言っても、実は複数あります。

しかしここでお伝えしたいのは、「ＳＥＯ対策」は「Google対策」と考えてもいいよ、ということです。

・SEO対策とは？
「SEO対策」というのは、Googleなどの検索エンジンで「自分（自社）のWebサイトを検索結果に上位表示させて、多くの人に見てもらえるようにするための対策」です

【世界で使用されている、主な検索エンジン】
Google……92.48%
Bing……3.08%
Yahoo!……1.3%
YANDEX……1.05%
Baidu……0.79%
DuckDuckGo……0.62%

世界中の検索エンジン市場シェア（参考:Search Engine Market Share：Statcounter Global Stats/2021年6月―2022年6月）では、「Googleの検索エンジン」の使用率は90％以上です。

日本でも「Googleの日本シェア率：75・59％（期間によって多少の変動あり）」というデータがあり、約8割の人々がGoogleを使用しています。

Yahoo!（Yahoo! Japan）はGoogleと同じアルゴリズム（順位付けのプログラム）を使っているので、通常のキーワード検索で大きな違いはないです。

ですので、「SEO対策」＝「Google 対策」と考えて問題ないでしょう。

2．SEOに強い（Googleに評価されやすい）記事とは？

2-1．「SEOに強い」ってどういうこと？

【SEOに強い記事とは？】
「検索エンジンで調べたときに、上位に表示されやすい記事」のことです。

Googleは独自のガイドラインにそって、記事（コンテンツ）を評価し、順位付けしています。そして高評価である「ＳＥＯに強い」記事が1位から順番に表示されるようになっています。

例えば、検索結果が上から「2位」の記事と「20位」の記事なら、どちらが読まれやすいでしょうか。2位の方ですよね。

通常、上から順番に記事を読んでいく人が多いので、上位に載っている記事の方がたくさんの人に読まれます。逆に順位が下がり、後のほうに掲載されればされるほど、その記事は読まれにくくなります。

多くの人がＳＥＯ対策に力を入れているのは、できるだけ上位に検索されて、「自分の記事（自社の記事）をユーザーに読んでもらいたい！」と競い合っているからです。

上位検索に上がるには、Googleに高く評価される必要があります。

2-2. Googleに高評価される記事のポイントは？

最近のGoogleから評価されるポイントは、主に次の3つだと考えられています。

【Googleが評価する3つのポイント】
・ユーザーファーストであること（ユーザー満足度を最優先に考えている記事）
・専門的で情報網羅性（ユーザーの知りたい内容をまんべんなく盛り込む）が高い
・読みやすい（視覚的にも分かりやすい）

では、この3つのポイントを満たす記事はどのように書いていけばいいのでしょうか。順番に紹介していきます。

3．SEOを強くするなら「ユーザーファースト」必須！
～ユーザーの検索意図（何を求めて検索しているか）を考えよう～

ユーザーファーストとは、「ユーザー満足度を最優先する考え方」です。ユーザーの目的に対して「正しく、読みやすく、分かりやすい情報提供」ができると、価値になります。Googleの掲げている「検索品質評価ガイドライン」でも、「検索意図を満たすことは極めて重要だ」と言っています。

【検索意図って何？】

検索意図とは、ユーザーがキーワードで検索したときに求めている「目的」のことです。

つまり「ユーザーの知りたいこと」です。


では、どうしたら、ユーザーの検索意図が分かり、それを満たす記事が書けるようになるのでしょうか。

4．ユーザーの検索意図をキーワードから調べる方法

ユーザーの検索意図の調べ方として、キーワードで確認する方法あります。ここでは、検索窓の下に出てくる「**サジェストキーワード**」と無料の「**ラッコキーワード**」というツールを使った方法で、具体的にみていきましょう。

4-1. 検索窓に表示されるサジェストキーワードをみてみよう

【サジェストキーワードとは】
ユーザーがGoogleなどの検索窓にキーワードを入力したときに、自動で下に表示される「検索候補のキーワード」のことです

「ユーザーがよく検索するキーワード」＝「サジェストキーワード」

つまり、**サジェストキーワードとは、ユーザーのニーズ（検索意図）がそのまま出ていることになります。**（P109の画像を参照）

例えば「ダイエット」という大きなキーワードで検索すると、

ダイエット 食事
ダイエット メニュー
ダイエット 速報
ダイエット サプリ

ダイエット食
ダイエット レシピ
……
などが出てきます。**これがユーザーの検索意図を表す内容です。**

「ダイエット」というキーワード一つでも、ダイエット 食事＝ダイエットの食事法が知りたい、ダイエット サプリ＝ダイエットに効くサプリが知りたい、などさまざまなニーズがあることが分かります。

4-2「ラッコキーワード」でサジェストキーワード確認しよう

【ラッコキーワードって何？】
ラッコキーワードとは、無料で利用可能な「キーワードを調査する」ツールです（有料版もあります）。調べたいキーワードを入力すると、数秒でリサーチに必要な情報を集めてくれます。

【ラッコキーワードで「産後ダイエット」と検索】

【「産後ダイエット」のサジェストキーワード】

【9種類の検索エンジン】

このラッコキーワードを使って、サジェストキーワードを知ることができます。ラッコキーワードの検索窓（初期設定エンジンはGoogle）に調べたいキーワードを入れて検索をすると、約1秒で結果が表示されます。

初期設定は「Googleの検索窓」になっていますが、それぞれのマークのボタンから別の検索エンジンの結果に変更が可能です。

9種類ありますが、ひとまず「Googleサジェスト」だけで問題ありません。興味があれば、他もチェックしてみるといいでしょう。

ラッコキーワードは、**無料版でも「ユーザー登録（無料プラン）」だけは済ませておきましょう。**ゲストユーザーで利用すると一日あたり5回（IP単位）までしか使えないためです。

【無料でユーザー登録すると？】

・見出し抽出・共起語などの取得　合計15回／日
・各種キーワード調査　合計50回／日

が可能となります。

5. 調べたキーワードから、ユーザーの検索意図を想像しよう

サジェストが分かったら、そこからユーザーの検索意図を想像してみます。
例えば、最初の方に出てきた3つのサジェストキーワードをみてみます。

【産後ダイエットで調べた場合のサジェストキーワードの例】

・産後ダイエット いつから
・産後ダイエット 食事
・産後ダイエット 帝王切開

これらの検索意図を想像してみると……、

【キーワードから検索意図を想像してみると？】

・産後ダイエット　いつから
↓ユーザーの検索意図「産後ダイエットはいつから始めればいいの？」
・産後ダイエット　食事
↓ユーザーの検索意図「産後ダイエットの食事はどんな献立がいいの？」
・産後ダイエット　帝王切開
↓ユーザーの検索意図「帝王切開した場合、産後ダイエットはどう進めるべき？」

などですね。**これらの「ユーザーの悩み」にきちんと答えてあげる内容にしていけば**
ユーザーファーストで、SEOにも自然と強い記事になっていく、ということになります。

※さらに記事の構成を考える場合、サジェストキーワードを参考に、ユーザーの知りた

そうな内容をぎゅっと1記事にまとめてしまうのもいいでしょう。多くの検索意図に答えられる記事となるため、情報網羅性が高くなり、「SEOに強くなる」と考えられるからです。

6．【重要①】SEO記事の構成（骨子）を組み立てよう

6-1．記事の構成を作ってみよう

①最初に競合調査をしていきます

指定キーワードだけもらって、クライアントから「構成（骨子）はライターが作ってください」という依頼もあります。その場合は、ライターが記事の構成を作ります。

ここでは、その作り方を具体的に説明していきますね。

構成を作る場合は、Googleが「ユーザーファーストである」と認めている、上位検索のサイトを確認することから始めます。

指定の狙っているキーワードを検索エンジンで検索します。

そして、上位検索で出てきたサイトの中身を調べていきます。1位～10位くらいまでを

確認するのがいいでしょう。

「広告」や「アマゾンや楽天、企業の商品販売サイト」はSEO記事の参考にはならないので、除外して考えてくださいね。

そして1位~10位までの見出しを中心にみて「どんなことが書かれているか」をチェックしましょう。チェックしたものは、ワードにメモしておきましょう。

このように、10位のサイトまでを順次、ワードにメモしていきます。
見出しは目次として最初に記載している記事も多いので、確認してください。
そのまま箇条書きでメモして、「各見出しに書かれている内容」も把握しておきましょう。

「見出しの内容の把握メモ」は、ざっくり1行くらいで書いておけば問題ありません。
また、見出しの中に重要そうな「小見出し」があれば、一緒にメモしておくといいですね。

●検索順位

●記事のタイトル

●ＵＲＬ

●各見出し（見出し＋見出しの内容の把握メモ）

・見出し１

・見出し２

・見出し３

・（重要そうな）小見出し１

・（重要そうな）小見出し２

・見出し４

【見出しの内容の把握メモ】

②ラッコキーワードの機能「見出し抽出」でも、競合の見出しを確認できます

通常はGoogleで指定キーワードを入れて上位検索を出し、それぞれのURLを開いて見出しを確認します。しかし、「ラッコキーワード」を使うと効率的に各見出しを調べることができます。それが**「見出し抽出」という機能です。**

ラッコキーワードのトップ画面の検索窓に、「指定したキーワード」を入れて、右側の選択肢から「見出し抽出」を選んでボタンをクリックします。すると、上位検索1~20位までの見出しが一気に確認できます。下記がその画面です。

画面の左上の部分で、どこまでの見出しを表示するかを選べます（hタグ／後に詳しく記述）。

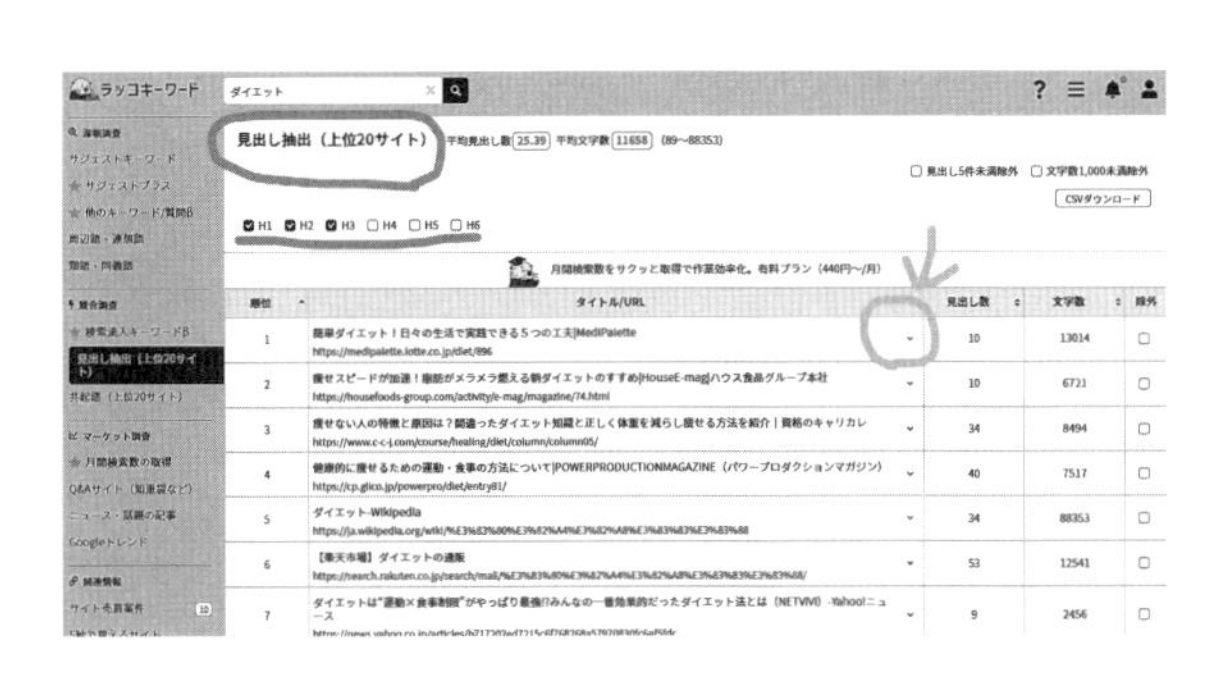

【ラッコキーワードの「見出し抽出」機能】

ここにチェックをいれます。まずは、分かりやすく見出しの「h2」まで をチェックしてみていきましょう。

そして、矢印が指している◯で囲われている部分をクリックすると、それぞれの記事の見出しが表示されます。

③競合サイトを参考に、記事の構成を作っていきます

では、先ほど調べた競合の構成を参考に、自分でも構成を作っていきます。

先ほど、1~10位までの競合サイトの「見出しと見出しの内容メモ」をみていきます。

そこで、今回の記事で検索意図に必要だと思う「見出しと内容（情報）」をピックアップします。

そして今度は読みやすくなるように、作った見出しを並べて整えていきます。

並べる順番は、「どの順番で並べたらユーザーが理解しやすいか」を基準に考えていきましょう。

さらに**「ユーザーが特に知りたい情報（需要の高い情報）」を先にもってくるといいですね。**

分からない場合は、上位検索の1～10位などの構成の流れ（目次）も参考にしてみてください。ユーザーが理解しやすい順番で見出しが並べられているはずです。

また、クライアントから「オリジナルの情報」がもらえていたら、それはSEO的にもとても有効です。**独自情報を含む記事は「オリジナルコンテンツ」として認識され、Googleからの評価が高いからです。**ライターはそれらの情報をユーザーに読みやすく届けるのが仕事ですので、きちんと書いていきましょう。

6-2. 見出しには「hタグ」をつけておこう

また、先述のP116「②ラッコキーワード

サイト内の見出し部分を表す要素

```
<h1>大見出し</h1>
      <h2>中見出し</h2>
        <h3>小見出し</h3>
        <h3>小見出し</h3>
        <h3>小見出し</h3>

      <h2>中見出し</h2>
        <h3>小見出し</h3>
        <h3>小見出し</h3>
        <h3>小見出し</h3>
```

【hタグの表記について】

の機能『見出し抽出』でも、競合の見出しを確認できます」でも少し出てきましたが、見出しには「ｈタグ」と呼ばれるタグをつけてください、と指示されることがあります。

ｈタグとは、ユーザーや検索エンジンに記事を伝わりやすくするための記号で、ＨＴＭＬ（Ｗｅｂページを作成するための言語）で使われる見出しタグ（ｈ１〜ｈ６）のことです。

簡単に紹介しましょう。ｈの後に来る数字が大きくなるごとに「見出しが小さく」なっていきます。

【ｈタグの数字の見方】

- **ｈ１は記事内のタイトル部分（最も大きい）**
- **ｈ２は見出し**
- **ｈ３は小見出し**
- **ｈ４はさらにその小見出し**

ｈタグは各見出しの頭につけることを認識しておきましょう。（※つけ方はＰ１１８の「ｈタグの表記について」の図を参照）

7. 【重要②】SEO記事を書いてみよう

記事執筆の書き方をそれぞれ説明していきます。

【SEO記事の書き方】

①タイトルをつける
②導入文（リード）を書く
③見出しは「序論・本論・結論」の構成で書く
④本文は結論→根拠（補足説明）の順で書く
⑤まとめは「人を動かす」部分まで書く
⑥読みやすくするための工夫をする
⑦記事の見直しが大事

①タイトルをつける

タイトルは仮でもいいので、先に決めておくと、記事の「言いたいこと」がブレにくくなります。

先に仮タイトルを書いておき、SEOが強くなるように、後から工夫して修正しましょう。

タイトルの作成でSEOに強くするには、ポイントがあります。

以下を確認していきましょう。

- **タイトルにSEOキーワードを含めよう**
- **タイトルの文字数は？**
- **タイトルに数字を入れて具体的にしよう**
- **強調の記号【】を適宜使おう**

★タイトルにSEOキーワードを含めよう
→キーワードを「左寄せ」にしつつ、「分かりやすい表現」目指そう

タイトルはキーワードを左寄せにして作っていきましょう。

ユーザーはタイトルを見るとき「左から読む」ので、重要なキーワードを左側に入れておくと、分かりやすく、興味を引きやすいと考えられるからです。Googleにもキーワードを認識されやすくなります。

すべてはユーザーが読みやすいように、分かりやすいように、興味を引くようにするのがベストです。その努力がGoogleに評価され、SEOにも強いタイトルにつながるのです。

★タイトルの文字数は？
↓32文字程度に収めよう

タイトルの文字数は、できれば32文字くらいまでに収めましょう。理由は、デスクトップのパソコンで検索すると、大体タイトルは32文字程度までしか表示されず、その後は「…」となって消えてしまうからです。

スマートフォンの場合は30〜41文字程度が表示されます（文字が半角なのか全角なのかによっても異なります）。

ブラウザによって表示文字数が異なるため、どれで確認してもタイトルが途中で未表示にならないように32文字程度にしましょう。

ただ、「タイトルにキーワードを3語載せたい」など、長くなりがちな場合もあるでしょう。その場合は、重要な内容（キーワード）などは左寄せにし、途中でタイトルが未表示になっても記事の意味が分かるように配慮しておきましょう。

★タイトルに数字を入れて具体的にしよう
↓数字を入れると具体性がグッと上がります。

具体的なタイトルの方がユーザーの興味を引き、読まれやすくなります。
数字を入れることはタイトルの魅力をアップさせます。数字は平凡なタイトルを具体的にしてくれるので、ぜひ使ってみてくださいね。

数字を入れたタイトル例
・【医師監修】産後ダイエットにおすすめ！ 効果絶大な7つの方法とは
・産後ダイエットは6ヵ月までが勝負！ 確実に痩せる方法を解説

数字を入れることで具体的になり、ユーザーの興味を引きやすくなります。
例えば、数字があるタイトルとないタイトルを比べてみましょう。

・Before：【産後ダイエットに成功】その方法とビフォーアフターを公開！

↓

・After：【産後ダイエットに成功】3ヵ月で10キロ落とした方法とビフォーアフターを公開！

After は数字を入れて具体的に伝えているので、ユーザーの興味を引きやすくなります。

★強調の記号【】（隅付きかっこ）を適宜使おう
→【】をタイトルに使うとその部分が強調されて、分かりやすくなります。

タイトルに【】を使用している記事をよく見かけるでしょう。【】に入れた言葉は強調されます。

【 】の使用例

・【2023年最新】子どもの習い事ランキング「ベスト10」を紹介！

数字やユーザーの気を引く言葉を入れて、ぜひ使ってみてください。

タイトルのつけ方に迷ったり、いまいちピンとこなかったりする場合は、キーワードの上位検索で1位～10位の記事のタイトルを参考にしてみましょう。ただし、コピペは禁止ですので注意してください。

自分がいちユーザーとして「どんなタイトルだったら読みたくなるか」を考えて、記事のタイトルをつけてみましょう。

②導入文（リード）を書く

次に導入文（リード）の書き方です。

導入文は「タイトル」や「目次」の次にユーザーが目を通す、大変重要な部分です。ここでユーザーに「読みたくない」「読む価値がない」と判断されてしまうと、記事を読まずに離脱されてしまいます。いくら分かりやすい良い記事だったとしても、ユーザーに読まれないなら意味がないですよね。

導入文は最初に「ユーザーの共感」をつかむことがポイントとなります。ユーザーに「自分ごと」としてその悩みを感じてもらい、その後に「この記事を読むメリット」や「得られる結果」を知ってもらいます。

導入文を書く順番ですが、次の流れを一例として、参考に書いてみましょう。

【導入文を書く順番の例】

1. ユーザーの悩みで共感を得る内容（ユーザーの悩みを入れる）
2. 共感への答え+問題提起（～で悩んでいる人は多いですよね／～の解決方法を知りたいですよね、など）
3. 語る資格を提示（なぜこの記事が書けるのかを伝える／専門性や実績などを記載）
4. この記事の紹介（今回は○○の△△の方法をご紹介します、など）
5. この記事を読むメリットを記載（この記事を読むとどんなことが得られるか）
6. この記事はどんな人に読んでもらいたいか（推したいユーザーを記載／○○で迷っている方はぜひ参考にしてくださいね、など）

また、**導入文の文字数ですが、200～300文字程度を目安に書きましょう。**

次の導入文の例も、1～6の「導入文を書く順番」を意識しています。

【導入文の書き方の例】

「ウォーターサーバーって便利そうだけど、料金が高いんじゃない？」
「子どもがいじったら熱湯が出て危ないのでは？」

ウォーターサーバーに興味はあるものの、実際の使い勝手などが分からず、利用をためらっている人も多いのではないでしょうか。お子さんがいるご家庭なら、子どもが触ったときの安全性も気になりますよね。

そこで今回は、アクアソムリエの資格をもつ筆者が、子持ちのユーザー人気ナンバー1の◯◯ウォーターサーバーをご紹介！

この記事を読めば、月々の費用からお水のおいしさ、チャイルドロックの有無、使い勝手の良さ、実際に使用した人の声までが分かります。

お子さんがいるご家庭でウォーターサーバーをご検討中なら、ぜひチェックしてみてくださいね。

（※文字数……313文字）

ここから、導入文の書き方を詳しく説明します。

1．ユーザーの悩みで共感を得る内容（ユーザーの悩みを入れる）

↓最初に「ユーザーの共感」をつかむことがポイント

「ウォーターサーバーって便利そうだけど、料金が高いんじゃない？」

「子どもがいじったら熱湯が出て危ないのでは？」

2．共感への答え＋問題提起（〜で悩んでいる人は多いですよね／〜の解決方法を知りたいですよね、など。）

↓どんな問題があるのか、その問題が起こった背景は何なのか

ウォーターサーバーに興味はあるものの、実際の使い勝手などが分からず、利用をためらっている人も多いのではないでしょうか。お子さんがいるご家庭なら、子どもが触ったときの安全性も気になりますよね。

3．語る資格を提示（なぜこの記事が書けるのかを伝える／専門性や実績などを記載）

↓記事を「誰が書いたか」によって、読者の信頼度や満足度が変わります。

そこで今回は、アクアソムリエの資格をもつ筆者が、

4．この記事の紹介（今回は○○の△△の方法をご紹介します、など）

↓記事の紹介を端的に短い文章で書きます。

子持ちのユーザー人気ナンバー1の○○ウォーターサーバーをご紹介！

5．この記事を読むメリットを記載（この記事を読むとどんなことが得られるか）

↓「この記事を読むとどんなメリットがあるのか」を明確に読者に伝えます。コツは内容をメリットに変換することです。

この記事を読めば、月々の費用からお水のおいしさ、チャイルドロックの有無、使い勝手の良さ、実際に使用した人の声までが分かります。

6．「この記事はどんな人に読んでもらいたいか」の結論を記載（推したいユーザーを記載／○○で悩んでいる方はぜひ参考にしてくださいね、など）

お子さんがいるご家庭でウォーターサーバーをご検討中なら、ぜひチェックしてみてくださいね。

③見出しは「序論・本論・結論」の構成で書く

序論		この文章で最も伝えたいこと
本論	各論１	伝えたいことの詳細１
	各論２	伝えたいことの詳細２
	各論３	伝えたいことの詳細３
結論		まとめ

【序論・本論・結論の構成】

見出しの構成は、**序論・本論・結論**と大まかに3部で作ります。そして、本論のところには、複数の必要な見出しが入っているイメージです。

> **【序論】主題（結論／ここで一番伝えたいこと）を書きます。導入文（リード）になります。**
> **【本論】主題の根拠や詳細（理由や具体的な内容）をいくつかを書きます。**
> **※ここにSEO記事の構成である「複数の見出し」が入るイメージです。**
> **【結論】まとめを書きます。ユーザーが行動できるように、まとめは「人を動かす」部分まで書きます。**

また、**見出しを作るときは、不自然にならないように注意しながら、キーワードを適宜、左側（先頭）に入れておきましょう。**

④本文は結論→根拠（補足説明）の順で書く

また、それぞれの見出しの「本文」ですが、次の順番で書きましょう。

【見出しごとの本文の書き方】
①その見出しの結論（アンサー／一番伝えたいこと）
②その根拠や理由、補足説明など、詳細を書く。

この順番で本文を書くと、飛ばし読みしても内容が分かり、読みやすい記事になります。
これはユーザーファーストにもつながりますね。

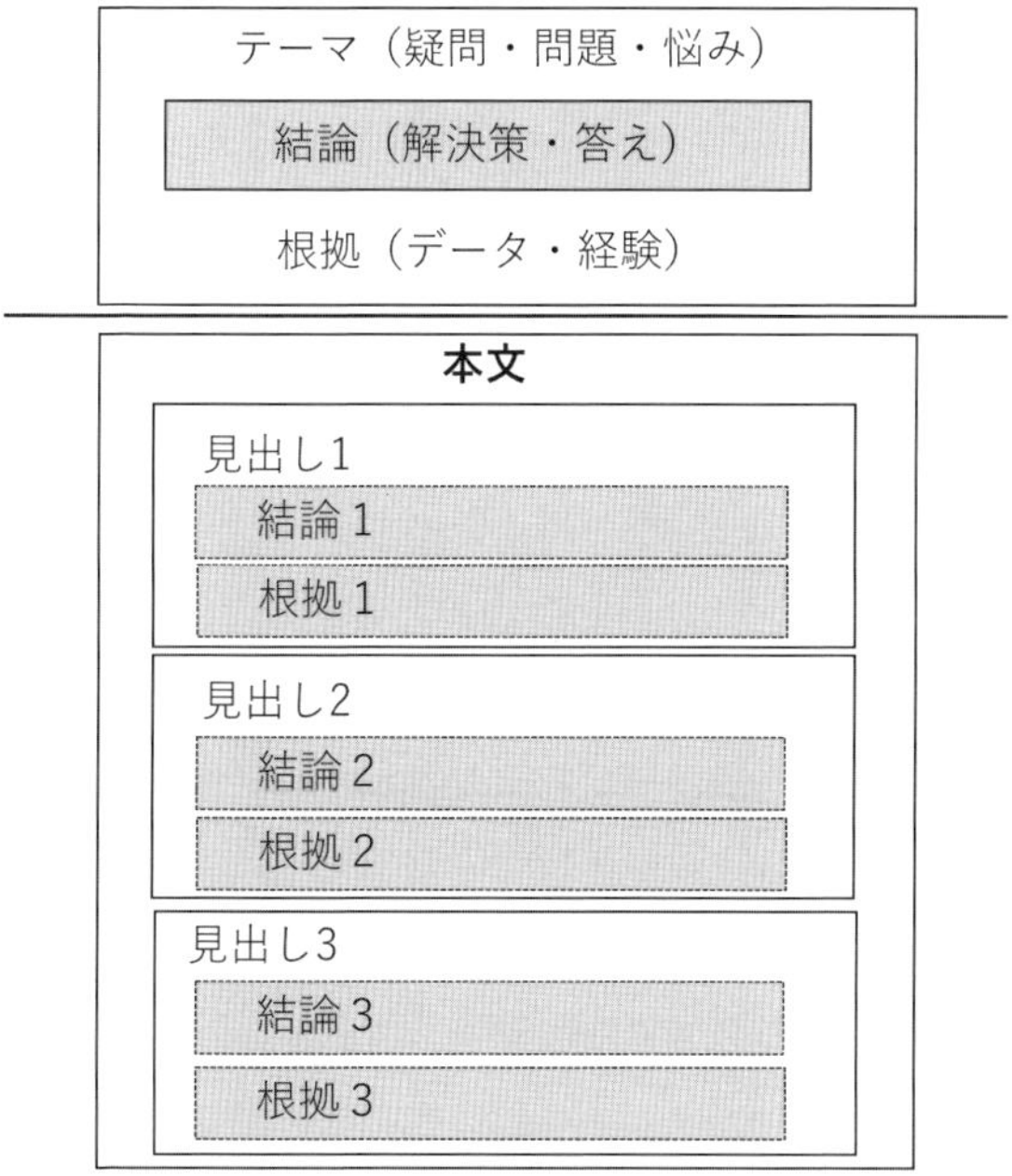

テーマ（疑問・問題・悩み）

結論（解決策・答え）

根拠（データ・経験）

本文

見出し1

結論1

根拠1

見出し2

結論2

根拠2

見出し3

結論3

根拠3

【SEO記事を読みやすくするには、結論から書く】

⑤まとめは「人を動かす」部分まで書く

まとめの部分では、最後にユーザーの一番知りたかった「結論」と「記事を読んだ読者に最後にどうしてほしいのか」をしっかりと伝えます。

ユーザーが知識を行動にまで落とせるように、文章で表現してあげるまでが仕事です。

「サービスをぜひ購入してほしい」「紹介した内容を実践してほしい」など、分かりやすくユーザーに伝えるようにしていきましょう。

⑥読みやすくするための工夫をする

記事を「読みやすくする工夫」は、とても重要です。

いくら良い記事を書いたとしても、文字がかたまりですき間なく長々と並べられたら、ユーザーは読みにくく、「読むの、やめた！」となってしまうかもしれません。

記事は読んでもらわないと、意味がないですよね。

記事の内容がユーザーの頭にスッと入るように、そして、読み飛ばしても内容が理解できるように、配慮していきましょう。

ここで必要な工夫のポイントは次の通りです。

【読みやすい記事の工夫・7つのポイント】

- まずは、3章の「文章の書き方の基本」をチェック！（文章自体を読みやすく！）
- 文字は、2〜3行で適宜改行や改段落して、見やすくする
- アイキャッチ画像の他、本文の途中にも画像を入れる
- 表などの図を入れていく
- 箇条書きを入れて見やすくする

【装飾の部分】

- 文字装飾などは色をたくさん入れすぎない
- 重要な部分は太字などで目立たせる

表現や方法は媒体によって異なりますが、基本的にはこれらの読みやすくするポイントを頭に入れて、記事を書いていきましょう！

⑦記事の見直しが大事

記事の見直しは推敲（すいこう）ともいいますが、誤字脱字はないか、表現の間違いはないかを確認する作業です。やり方としては、

- **黙読した後、音読する**
- **原稿を印刷して確認する**

の二つがあります。

特に、「印刷して確認」は、パソコン上ではなかなか分からなかった部分も冷静にチェックできるので、ぜひ行ってみてください。

また、SEO記事では大前提としてコピペは禁止です。ですからクライアントに原稿を提出する前に、自分でコピペチェックをしておきましょう。コピペをしていなくても、コ

ピペのパーセンテージが高くなっている場合があるからです。

おすすめは、**無料コピペチェックツール【CopyContentDetector】https://ccd.cloud/です。**コピーチェック回数も無制限なので、ぜひ利用してみてください。

8．ライターも知っておきたい！最近の「Google評価」に絶対必要な知識

8-1．E-A-T（専門性・権威性・信頼性）の考え方が大事

E-A-Tとは、現在Googleが重視している評価基準の一つです。ユーザーの検索意図に対して、「適切な検索結果を提示できているか」という部分をチェックしています。

Expertise（専門性）
Authoritativeness（権威性）
Trustworthiness（信頼性）

Ｅ‐Ａ‐Ｔは、この頭文字です。

Googleは、この3つの指標が優れているWｅｂサイトを評価すると「検索品質評価ガイドライン」でも言っています。

ここで求められているのは、「信頼できる、専門性が高いコンテンツ」です。

3つの指標を簡単に説明しますね。

【Expertise（専門性）とは】

専門性とは、Wｅｂサイトやコンテンツが「何らかの専門性に特化しているかどうか」です。

ごちゃまぜで専門性がよく分からないWｅｂサイトよりも、何か一つの内容に特化したWｅｂサイトのほうがユーザーにとって素早く適切な内容を返せるとされ、Googleにも評価されます。

例えば、妊娠したお母さんが「妊娠中、血圧が高い場合の注意点」を調べたいとします。

そのとき、雑記ブログのようなサイトか、産婦人科のサイトか、どちらを選ぶでしょうか。

やはり専門性の高い産婦人科のサイトで確認する方が安心できますよね。そこがGoogle

の選定ポイントになっています。

また書き手も、専門性の高い人（例でいえば、産婦人科医師など）が書く方がGoogleは評価します。

【Authoritativeness（権威性）とは】

権威性とは、そのサイトやコンテンツの発信者に「権威」があるかどうかをみます。

「誰が発信しているか」、「この人やサイトは、その情報を語るに値するか」をGoogleが選定するものです。

例えば、名前の知られた企業や団体などが運営するサイトは、ユーザーの満足度も高い傾向にあります。

ここでは情報の根拠となる「知識や技術」があり、誰が見ても「このコンテンツは正しい内容」だと思えるかが重要です。

この権威性は、サイト運営者が個人か企業かに関わらず、判断される指標になります。

【Trustworthiness（信頼性）とは】

信頼性とは、ユーザーにとって、そのサイトやコンテンツ、運営者が「信用ができるかどうか」をみます。

ここでは、「どんな人がサイトを運営しているか」「どんな人がコンテンツを作成したか」が重視されます。

誰が作ったかも分からないサイトやコンテンツは信頼性に欠けるので、最低限の情報（サイト運営会社やライターの情報など）を載せておくことです。

また、コンテンツの正確さも信頼性の評価に含まれるため、公的機関や有識者の論文を引用するなど、正しいデータを使用すると評価もされやすくなります。

8-2. YMYL（Your Money or Your Life）を知っておこう

YMYLとは、「Your Money or Your Life」の略語です。

「人生の幸福や健康、金融に関する情報」を意味しています。

医療情報系サイトや法律系サイト、金銭の取引があるサイトなどは、ＹＭＹＬに関わる分野のため、コンテンツ作りには注意が必要になります。

Googleが評価する際には「ＹＭＹＬの対象となるジャンルか」ということと、「そのサイトはＹＭＹＬの情報を発信するだけのＥ－Ａ－Ｔ（専門性・権威性・信頼性）があるのか」ということがチェックされています。

5章 取材を学ぶ

オンラインも増えている！
取材やインタビューにチャレンジしよう

1．取材やインタビューはとても楽しい

取材やインタビュー記事を書くのはとても楽しいです。特に、憧れていた人物に直接お話をうかがえたとしたら、こんなにワクワクすることはありませんよね。

一方で、取材やインタビューは、ハードルが高いと思う人もいるでしょう。しかし、回数を積み重ねていけば、少しずつ慣れていきます。

最初から満点の取材やインタビューは難しいと思います。誰でも、大なり小なり、「やってしまった……」ということはあると思いますし、「失敗は成功のもと」なので大丈夫です。

ライターをやるなら、取材やインタビューも楽しんで行っていきましょう。

この章では、おうちライターもリアルな現場で取材やインタビューできるように、基本の「実際に会ってお話をうかがう方法」をお伝えします。

2.【事前準備①】取材依頼者にアポイント

取材をするにあたって、準備はとても大事です。取材の当日を迎えるまで、順を追ってみていきましょう。大まかな流れは、次のページになります。

取材やインタビューの流れ

※媒体により、多少順番や流れは異なります

・記事の企画を立てる

↓

・取材者（監修者）の情報を調べ、候補を立てる

↓

・候補者に電話やＷｅｂで問い合わせる

↓

・取材依頼書（企画書）をメールで送る（問い合わせと同時の場合も）

↓

・取材の許可がとれたら、場所や日時を確定させる

↓

・記事の大まかな構成を考える

↓

・その記事を書くにあたり「必要な質問」をピックアップする
↓
・取材者に具体的な質問表を送り、（可能であれば）戻してもらう
↓
・取材者の情報をさらに詳しく調べ、取材当日に備える
↓
・インタビュー当日
↓
・原稿執筆
↓
・取材者に原稿をチェックしてもらう（原稿をメールで送る）
↓
・戻った原稿の赤字を反映、加筆修正など行う
↓
・初稿の完成
↓
・編集者に初稿を提出

2-1. 記事の企画を立てる（取材者の候補も立てる）

・企画案を出す

ライターが記事の企画を考えて、編集者に提出します。その媒体の読者ターゲットは決まっていることが多いので、その方々に刺さる企画を考えていきます。

今、どんな記事が読まれているか、どんなジャンルの記事が人気なのかを確認します。

また、媒体側が今期に求めているテーマがあれば、そこに合わせていきます。

さらに、世の中の「ニュース性（最新性）」や「季節性」などを考慮します。

企画の採用可否の条件は媒体によって異なるので、「イマイチつかめない……」という場合は担当の編集者に相談してみてもいいでしょう。

また、さまざまな企画出しをしていく過程で、どのような企画が通るのかが分かるようにもなってきます。

媒体によっては編集者が企画案を出してくれるところもあります。ライターはその企画を受けて、取材者へのアポ入れから、取材、執筆と進めていきます。企画の進め方はケースバイケースです。

・取材依頼者の候補出しをする

取材者の候補はライターまたは編集者が探します。企画案に対して的確な回答を出してくれそうな「専門性」や「権威性」のある人物がいいでしょう。

候補者を調べるときは検索エンジンを使って、専門家のホームページやブログ、SNSなどで連絡先を確認します。専門性のある本の著者もいいですね。

できれば第2〜第3候補者まで見つけておくと、第1候補者から断られても、慌てることなく進められます。

2-2. 取材依頼書（企画書）をメールで送る

第一候補から順番に、先に、取材候補者に電話やメールで取材依頼の問い合わせをします。その後に、取材の詳細（企画書など）を送る流れがいいです。

取材依頼書とは、取材者が取材対象者に向けて送る文書です。目的や日時などを記載し、概要が分かるようにまとめたものです。**A4サイズの用紙1〜2枚で簡潔に書きます。**

次のような内容を入れましょう。

・媒体の概要
・今回の企画概要
・お願いしたい内容（取材の内容）
・原稿の確認（時期を記載）
・写真撮影の有無
・取材日時と場所
・謝礼　など

また、取材依頼書を添付するメールの本文には、「なぜ今回、○○様に取材をお願いするのか」の理由を、必ず書いておきましょう。

「なぜ今回、○○様に取材をお願いするのか」をしっかりと明記！

（例）○○業界で長年ご活躍の○○様に、
ぜひご専門とされる「△△の○○の仕方」につきまして
詳しくお話をおうかがいしたく、取材のご依頼をさせていただきます。　など

【取材依頼書の例】

○○○○様

株式会社○○○○
斉藤カオリ
Tel:○○○○
email:○○@○○○○

『媒体名○○』インタビューのお願い
突然のご連絡にて失礼いたします。
この度は弊社『媒体名○○』におきまして、インタビューにご協力いただきたく、媒体概要、企画内容をまとめさせていただきました。
ご多忙の中、大変恐れ入りますが、ご一読いただきまして、
ご協力の可否をご検討くださいますよう、何卒よろしくお願い申し上げます。

媒体概要
○○○○○○○○○○○○○○○○○○○○○○○○○○○○○○
○○○○

企画概要
○○○○○○○○○○○○○○○○○○○○○○○○○○○○○
○○○○○○○

お願いしたい内容
『○○○○』特集 でのインタビュー
対面取材にて、上記の内容についてのお話をうかがいたく存じます。
取材内容
1、○○○○○○○○○○○○○
2、○○○○○○○○○○○○○
※取材前に、ご質問の詳細はご連絡いたします。

ご確認のお願い
・当日の写真撮影につきまして（有り／無し）
・原稿のご確認
○月下旬に原稿をお送りしますので、ご確認をお願いいたします。

取材日時・場所
以下の日程の中で、取材のお時間を１時間ほど頂戴したく存じます。
○月○日（木）10:00～応相談
○月○日（金）10:00～応相談
○月○日（土）10:00～応相談

※いくつか候補の日時をいただけますと幸いです
※上記の日時で難しいようでしたら、可能な日時をお知らせください
場所は○○○○、または○○様のご都合のよい場所（都内近郊のカフェなど）をご指定ください。取材には私と編集、カメラマンの３名でうかがう予定です。

＜監修費＞
薄謝で恐縮でございますが、
○○○○○円（税込）でお願いできますと幸いです。

上記他、ご不明な点はお手数ですがご一報くださいませ。
以上、ご検討のほど、よろしくお願い申し上げます。

こちらを参考にしてもいいですし、ひな形があれば、そちらにそって、ライターが取材依頼書を作成します。

フリーランスのライターが取材依頼書を作る場合、取材依頼書では、媒体の発行元や運営会社のライターとして名乗る場合があります。

もし、「自分が会社名で名乗っていいのか、分からない」というときは、担当編集者などに確認してみるといいでしょう。

・取材場所や日時を決める

取材場所や日時を決めます。こちらは、取材依頼書の中に書いておきましょう。

取材場所は指定なのか、臨機応変にこちらが合わせるのか、なども記載します。（取材依頼書の例を参照）

日時に関しては、大体3候補日をこちらで出し、難しい場合は取材者にご都合をお知らせしてもらう方法がやりやすいでしょう。

・オンラインの場合は？

オンライン取材の場合は、場所の記載はなしで、日時だけを決めていきます。

日時が確定した段階で、ライター側（または編集者）がZOOMなどを用意し、URLを先方にメールで送ります。

新型コロナウイルス感染症の蔓延の影響で、オンライン取材は大幅に増えました。取材対象者も場所の移動をしなくて済むため、オンライン取材は主流になりつつあります。

ライターもオンライン取材をスムーズに進められるように、ZOOMなどの基本操作は覚えておきましょう。

・取材対象者の謝礼は？

取材対象者（場合によっては監修者）の謝礼の有無や金額も取材依頼書の中に記載しておきます。謝礼の支払いは、掲載の媒体側から出ることが一般的でしょう。

2-3．質問表を事前に送っておく

取材では、当日までに「どのような内容をうかがいたいのか」という質問表を取材対象者に送っておきましょう。

先方が質問の内容を把握しておいてくれるため、当日の取材をスムーズに進めやすくなります。

・質問表の作り方「記事の構成を先に想定」しておくと必要項目が分かる

質問表を作る前に大事なのは、「この記事では、どんな内容を書くのか」という部分です。ここを最初に考えておかないと、「取材依頼者にどんな質問をするか」も決められません。

インタビューの目的を明確にして、「この記事では何を伝えたいか」の外枠を考えておきます。

目安として、**記事の構成を先に想定しておくと、その記事を作成するにあたり、どんな質問が必要なのかが分かります。**

そして、その目的にそって、質問表を考えて整えます。もしもの場合に備えて、質問は少し多めに作成しておきましょう。

質問の内容の中でも「どこを一番詳しくうかがいたいのか」などの「優先順位」は先に決めておきましょう。深掘りしたい質問の目星もつけておきます。一番の原稿のキモとなりそうな部分はしっかりと聞けるように、時間配分の工夫も大切です。

2-4. 写真撮影がある場合は？

・事前に取材者に伝える（服装など）

取材当日、写真撮影が必要な場合は、取材依頼書にそのことを記載します。また、依頼のメール文章の中にも、「写真撮影があるので、服装の準備をお願いします」という内容を連絡します。

これは取材と同時に撮影もスムーズに済ませるために、とても重要な連絡です。

これがないと、「服装の準備をしてこなかったので、撮影はお断りします」と言われることも十分あり得ます。事前に必ず伝えておきましょう。

・カメラマンが入る場合の連絡

媒体によっては、撮影にプロのカメラマンが入ります。その場合は、取材対象者には、取材依頼書にその旨を記載しておきます。（先程の取材依頼書の例には「取材には私と編集、カメラマンの3名でうかがう予定です」などと記載しています）

カメラマンが入ると、インタビュー中の自然な表情などもおさえられます。

3．【事前準備②】情報収集はていねいに

3-1．【調べる時間を確保】取材する人の情報を頭に入れておく

取材をする上で、取材対象者の情報をきちんと調べて知っておくことは必須です。これは取材相手に「敬意を払う」ことになります。逆に情報収集を怠ると、取材者の印象が悪くなるなど、いい取材にはなりません。調べるための時間もスケジュールに確保しておきます。

取材対象者が「そこまで調べてくれていたの？」と思ってくれたら、ひとまず合格です。相手も心を開きやすくなり、スムーズで気持ちのいいインタビューになるでしょう。

3-2．情報収集の仕方は？

取材対象者の情報収集は主にインターネットを使用します。詳しく紹介すると、次のようなものがあります。

【取材対象者の情報収集で使用】

・Google検索
・SNS、ブログ、コラム記事など
・雑誌や新聞、テレビ、ラジオなど
・著書などの書籍
・口コミ情報

調べる時間をきちんと確保し、ていねいに調べることが、良いインタビューの第一歩です。重要だと思う資料は、印刷して手元に持っておくのも一つの手ですね。

4. 【取材当日】まず行うことは？　～リアル現場編～

さて、事前準備も完了し、取材当日です。

現場には時間ギリギリではなく、ゆとりをもって到着するのがベストです。時間のゆとりは心のゆとりになって、取材も落ち着いて取り組みやすくなります。

また、次の内容を確認し、慌てずに一つずつ進めていきましょう。

4-1. 名刺交換で挨拶をしよう

インタビューをする前に、名刺交換で挨拶をします。取材時は必ず、ライターの名刺を持っていきましょう。

最初はぎこちなくても、一般的な手順の通りに行えば大丈夫です。笑顔で、相手の目を見て挨拶できれば、何も問題ありません。

4-2. ICレコーダー（録音）の許可をとろう

名刺交換の挨拶が終わり、イスに座ったら、いよいよインタビューがスタートします。お話の内容を録音させていただくことを伝えて、許可をもらい、ICレコーダーを取材対象者の近くに置かせてもらいます。そして、インタビューを始めます。**そこで忘れてはならないのが、ICレコーダー（録音）の許可です。**

このとき、録音した音源は、「記事作成以外には使わないこと」と、「記事作成が終わったら、すみやかに削除すること」を伝えておきます。

4-3. 質問票をプリントアウトして手元においておこう

取材時は、メモを取りながら話を聞きます。

そのときに、取材対象者に送った質問表は手元において、確認しながらお話を進めていきましょう。質問表は取材対象者の分までプリントアウトしてお渡ししてもいいですね。

この質問表を参考に、お話の内容がブレすぎないように注意していきます。いくら面白い情報の提供があっても、記事の目的と大幅にズレてきている場合は、限られた時間を有効に使うために、取材者が軌道修正を行います。

「なるほど、○○だったのですね！　驚きました、～～～～～。少しお話は変わりますが、その○○の△△の件について、もっと詳しくうかがいたいです！」

「○○だったのですね、すごいですね！　～～～～～～。では、少し先ほどのご質問にお話を戻しますが……」

このような言葉を使いながら、自分の深掘りしたい質問に戻します。

話を変える際のポイントですが、先のお話を「自分の感想や共感をきちんと伝えてから」、話を戻したり、変えたりしましょう。

取材依頼者が気持ちよく話していたことについて、取材内容から横道にそれていたからといって、無関心になってしまうのはＮＧです。

また、逆に「意図としない別口のお話が楽しすぎて、つい時間配分を誤ってしまい、記事の目的である質問をじっくり深堀りできなかった」というのも本末転倒です。注意しましょう。

5.【取材中①】聞く姿勢と、ちょっとしたテクニックで心を近づける

取材中ですが、できるだけ取材対象者に好感をもってもらえるように工夫します。好感度を上げられれば、取材で心を開いてもらいやすく、本音も話してくれるようになります。

次の**「取材中のお話のテクニック1～4」までは、誰でも使える、ちょっとしたテクニックです。**

インタビューや取材で試してみてくださいね。

5-1.【取材中のお話のテクニック1】最初は話しやすい雑談から入ろう

最初は話しやすい雑談から入ります。

何かの「共感ポイント」を事前の調べでつかんでおいて、にこやかにお話をスタートさせましょう。趣味や出身地のこと、ペット、食べ物のことなど、気軽にお話ができるネタがいいでしょう。また、

「ホームページに〇〇と載っていましたが、本当にすごいですね」

「〇〇と拝見しました、とても素敵ですね」

「私も〇〇と思っておりました。〇〇だなんて、尊敬します」

などの共感言葉からスタートするのもいいですね。


ただ、雑談で長く時間をとってしまってはもったいないので、例えば2分以内と決めておくなど、ほどほどがベターです。やりとりが温まってきたら、本題（取材）に入っていきましょう。

5-2.【取材中のお話のテクニック2】聞く姿勢は「教えていただく」スタイルで臨もう

謙虚な心は相手にも伝わります。教えていただくというスタイルでお話を聞く姿勢がとても大事です。特に、社会的地位がある方、または自分より年齢がかなり上の方などにはしっかり配慮しましょう。

また、うかがうときの表情も、笑顔でうなずき、にこやかに質問をしていきます。ただし深刻な問題などのシリアスな内容をヒアリングしているなら、笑顔は控えましょう。

5-3.【取材中のお話のテクニック3】相手に合わせてあいづちをうとう

取材対象者のお話に合わせて、分かりやすくあいづちをうちましょう。

それは取材対象者を肯定し、共感などをして「なるほど！」「そうなんですね」「しっかり聞いていますよ」の意思表示にもなります。相手の話す速度やリズムに合わせて、あいづちをうつようにしていきましょう。

5-4.【取材中のお話のテクニック4】「なるほどですね！　○○だったんですね」

取材依頼者に共感などを知らせる場合、あいづちの他、言葉にして伝えることも重要です。


【共感を伝えるときの言葉の例】

「なるほど、○○だったのですね！」

「そうだったのですね！　それは○○でしたね！」

「それって、つまり○○ということですよね！　すごいですね！」


右のように、あいづちをうちながら言葉で意思表示をします。「共感や驚き、称賛、話を自分の言葉で繰り返して確認する」などを適宜行うと、相手ものってきてくれやすいので、おすすめです。

6.【取材中②】自分が心を動かされた部分が原稿の「キモ」

6-1. 原稿の「キモ」は自分が心を動かされた部分

取材をしている最中、「うわ、その話、何だかすごい！」とか「そのときの心情をもっと詳しく知りたい！」とか、何かしら「自分の心が動く瞬間」が出てくるときがあります。

それは、裏を返せば、読者的にも興味深い部分だったり、もっと知りたい部分だったりします。ですから、しっかり深掘りして聞いていきましょう。

まさに、**「自分が心を動かされた部分が原稿の『キモ』になり得る」**ということです。

もちろん、記事の本筋からかけ離れてしまってはNGです。

6-2. 深掘りポイントと思ったら「なぜ？」の精神で質問していく

深掘りでは、「なぜ、◯◯をすることになったのでしょうか」「それは、どういう気持ちで◯◯されたのでしょうか」という風に、「なぜ？」「どうして？」を具体的に探ります。

「原稿ではココが具体的に書けそう」という部分が聞けたら、深掘りは完了です。

【取材インタビューここまでの重要ポイント】

「この記事は誰に何を伝えたいか」、記事の目的を明確にし、
↓
「記事の構成」を考えてから、「その内容に必要な質問」を考え、
↓
「取材依頼者に取材の質問表」をお渡しして、深掘りポイントを探る。

お話を聞いていくと、重要だと思っている質問の中に「ココを一番読者に訴えたい」という部分がリアルに出てくるでしょう。

そこが記事のキモとなります。

6-3.【時間配分】「記事の核になりそうな質問」は中盤より前に

インタビュー中の時間配分はもとても大事です。

取材者は自分で時間を確認するために、腕時計は必須です。そして深掘りしたいような（メインの）重要な質問には十分な時間を確保する必要があります。ですから、あまり後ろにもってくるのはおすすめしません。一番深掘りしたかった部分を「時間がなくて

ちょっとしか聞けなかった」となると、原稿的にもダメージが大きいです。メインになりそうな質問は、中盤までには聞けるようにしておきましょう。

7.【取材後】最後に確認しておきたいことを伝えよう

7-1. 記事の公開予定日や原稿確認の時期をお伝えしましょう

インタビューが終わると、取材依頼者に、「原稿を確認してもらう時期」や「記事の公開予定日」など今後のスケジュールについてお伝えします。

・もしもの場合の「追加でうかがう可能性」の許可を得ておく

例えば、何かを聞きそびれてしまった場合など、もしものときに連絡が取れるよう、次の一言を付け加えておきましょう。

「もし、追加でご確認したいことがあった場合、メールなどでご連絡させていただいてもよろしいでしょうか」

取材依頼者や媒体にもよりますが、可能な場合は、お伝えしておきましょう。

ただし、これを使うのは万が一の場合であって、取材は取材の時間で完了するのが通常

のルールです。

直接の連絡が難しい方には不適になります。その場合は、原稿をお送りしたときに、ご本人に赤字で修正を入れていただく形で、確認してもらいます。

・スケジュールをお伝えしてやりとりが長引かないようにしよう

取材依頼者の中には、原稿の修正と確認を、何度も繰り返しご希望される方がいらっしゃいます。

「（取材依頼者が）原稿チェックで赤字を入れる→修正原稿をご本人確認→さらにご本人が『ここも直したい』と追加で大幅に修正→また修正原稿をご本人確認→さらにここも修正したいと修正……」

このループになってしまうと、「締切に間に合わない」などのトラブルの原因にもなります。

ですから、**「原稿チェックは1回ですが、ご修正箇所はすべて反映させていただきます。締切は○日ごろで、記事の公開予定日は○日です」**などと、スケジュールを明確にお伝えし、延々と修正と確認をするのは難しいことをお知らせしておきましょう。

7-2. あやふやな表現だった部分を具体的に再確認

取材途中であやふやな表現を確認できずにスルーしてしまった場合は、取材完了前に、「すみません、一部、聞きそびれてしまった箇所がありまして、最後にご確認させてください」などとして、あやふやな表現の部分の再確認をしておきます。

【例えば、飲食店店主のインタビューにて】


例えば、おいしい餃子店を取材したとき、店主がインタビューで、「うちのこだわりは手作りで、厳選した素材を使っている点です」と話してくれた場合はどうでしょうか。

また、「手作り」なのは、餡だけなのか、それとも餃子の皮も手作りなのか。

「厳選した素材」とは、野菜なのか肉なのか、両方なのか。

はたまたそのこだわりとは何なのか?

地場野菜を使っているのか、農家直送なのか。

肉はどのような肉を使っているのか。

細かい部分まで確認しないと、詳細が書けないですよね。

すべて具体的に書けるように、確認をしておきましょう。

7-3．取材後の雑談は意外に大事！　気を抜かないで聞こう

取材後に雑談をすることもあるでしょう。そのとき、相手は取材が終わった開放感でリラックスして、取材とは異なったお話をしてくれることがあります。

また、そのときに本音をポロリとこぼしてくれることもあります。その内容が意外に興味深いことも多いです。

取材が終わった後も、取材者は最後まで気を抜かずに聞きましょう。そして、もし原稿に付け加えたい内容の場合は、「その情報は原稿に載せても良いですか？」と確認しておきましょう。

・「ここだけの話」は本当に使用NGかを確認

また、取材中も取材後も、取材依頼者が本音で、「ここだけのハナシね、実は〇〇〇〇だったんだよ」などとお話ししてくれる場合があります。

その場合は、「本当に、ココだけのハナシなのか」「原稿に〇〇の部分だけは使ってもいいのか」なども確認しておきましょう。

7-4. きちんとお礼を伝えよう

取材がすべて終わったときと、退室する前にはきちんとお礼を言いましょう。また、その日のうちにお礼のメールもしておきましょう。

8. 【ZOOMなどを使用】オンライン取材やインタビューで気をつけること

新型コロナウイルス感染症が蔓延した影響で、オンラインでの取材やインタビューは、驚く速度で世の中に浸透しました。取材やインタビューがオンラインでできるようになったため、ライターにとっても予定を立てやすく、移動もなく、チャレンジもしやすい仕事になりました。

オンライン取材やインタビューのメリットは大きく、主なものとしては、

- **通信環境さえ整っていれば好きな場所で対応可能**
- **交通費がかからない**

・移動しないので時間の節約ができる
・オンラインの会議ツールで資料の共有が可能
・オンラインの会議ツールで簡単に録音や録画ができて、確認しやすい
などがあります。

しかし、気をつけなくてはならないこともあります。それは、

・接続状況や通信環境によって、音声が聞こえなくなるなど、ネット上のトラブルが発生しやすいこと。
・雑音などが入らない環境を選ぶ必要があること。
・話す内容に「個人情報や機密情報」が含まれる可能性があるので、場所を選ぶこと。
・当日のアクシデントを避けるために、接続などを事前に確認すること。
・オンラインはリアルで会うより、反応が伝わりにくいので、少しオーバーリアクションな身ぶりや話し方で伝えること。
・オンラインツールによっては、時間がきたら突然切れてしまうものもあるので、時間に注意すること。
などです。

その他、取材やインタビューのときに注意すべきことは、リアルの会場で行われるものとほぼ同じです。

おうちでライターをしたい方は、オンラインで取材やインタビューができるように準備をしておきましょう。

9.【記事の作成】原稿を書くときのポイントは？

取材が終わったら、原稿を書きます。書き方のコツや表現の異なる3通りの形式があるので、紹介していきます。

9-1. 書き方は主に3通り

書き方は主に3通りあります。

> **【3通りの書き方】**
>
> 1. 対談方式（Q&A形式）
> 2. 一人称形式
> 3. 三人称形式（地の文+カギカッコ）

ここでは、**「子どもの夏休みの宿題」をテーマにした例文**を入れて、一つずつ説明していきます。

1．対談方式（Q＆A形式）

これは「取材者のQ」と「取材対象者のA」が順番に出てくるような形式です。Q＆Aをつけなくても、質問と回答で書いていきます。「です・ます」調の文章で書くことが多いです。

（例文）対談方式（Q＆A形式）

Q．お子さんは夏休みの宿題は早々に終わらせるタイプですか、それともギリギリまでやらないタイプですか？
A．うちの子って、早々に終わらせるタイプに見られがちなんです。でも実は、夏休みが終わる2～3日前に一気にやるタイプなんですよ。
Q．なるほど！夏休みの自由研究はどうされているのですか。
A．あ、近所の木にくっついているクワガタを捕まえてきて、観察日記をつけて完了ですね。いいのか分からないですが、毎年同じことをやってますね。

メリットは、取材の内容を、臨場感を出しながら伝えることです。読者は読みたい部分だけを確認しやすくなります。

デメリットは、記事が長めになってしまうことです。また会話文などで進むため、文章量に対して情報量が少なくなります。

2．一人称形式

これは、取材対象者が「一人で語っているような」形式になります。取材者の存在は消して、自ら話している形で進んでいきます。

（例文）一人称形式

うちの子どもは北海道の田舎で育ったせいか、本当にマイペース。いくら言っても夏休みの宿題はギリギリにならないとやらないし、毎年の自由研究は虫（クワガタ）の観察ばかり。

母親として「マイペースなのはこの子の長所だ」と信じたい気持ちなんですけどね。

メリットは、コラムのように読めることです。自ら語っているような文章なので、取材依頼者の人柄がよく分かり、親近感も湧きやすく、本人の訴えたいことをしっかり伝えやすいです。

デメリットは、一人語りなので、(記事の構成の通りに)話題の切り替えがしにくい側面があります。また取材者側が感じたことは入れにくい特徴があります。

3. 三人称形式(地の文+カギカッコ)

取材者が取材した内容を咀嚼(そしゃく)した上で、伝えたい情報を書いていく形式です。

(例文) 三人称形式(地の文+カギカッコ)

今回お話をうかがったのは、全国作文コンクール小学3年生の部で、最優秀賞を受賞した、佐藤ジュン君の母親○○さん(42歳)。

夏休みの宿題について話が及ぶと、

「うちの子って、注意しても聞かなくて。夏休みの宿題はギリギリになって、ようやくやり始めるタイプなんですよ」

と、笑顔で話してくれた。

メリットは、記事を論理的に伝えやすいところです。記事の構成に合わせて話を組み立てやすく、取材者の考察も入れられるので、深掘りした内容も書きやすいです。

デメリットは文章がちょっと堅くなりがちなところです。媒体に合わせて使いこなしましょう。

9-2. 文字起こし（テープ起こし）はする？ しない？

「文字起こし（テープ起こし）」とは、講演や会議、座談などの人の声をレコーダーで録音し、その音声に納められた内容を文章に直していく作業です。

インタビューの原稿を作る場合、この文字起こしは必要かどうかですが、ケースバイケースでしょう。企業のインタビュー案件などで、一語一句の真実を的確に書く場合、文字起こしは必須になります。

全体的に文字起こしするなら、「Googleドキュメントの音声入力」を使うという方法もあります。テープを聞き返しながら、延々と文字起こしをするのはなかなか大変ですが、この機能を使えば、自動で文字起こしをしてくれます。

9-3. 情報の盛り込みすぎに注意しよう

取材では、思わぬ興味深い情報や魅力的な体験談など聞くことがあります。するとと取材者側としては「コレは魅力的な話なので記事に入れたい」「いやいや、この情報も面白いから入れたい」「あ、この内容も盛り込みたい」となり、すべて入れたい衝動に駆られる場合があります。

しかしそれでは、ごちゃまぜになって、結局何を言いたい記事なのか分からなくなってしまいます。注意しましょう。

9-4. 情報を選択しよう

・読者に伝えたいことは何？　ブレない記事にしよう

それでは、ごちゃまぜにならないようにするには、どうすればいいのでしょうか。

まずは、「この取材記事では、どんなことを読者に伝えたいのか」、そこを基本として構成を考えていきます。

「この記事ではコレを伝えたい」というのは、取材依頼者に取材内容の質問表を送ったときには、ある程度見えていたと思います。そこがブレないようにしましょう。

また、本書の2章でも紹介した「5W2H」を意識して、より具体的に書いていきましょう。

9-5．導入文（リード）の書く順番の例

公開する媒体や記事にもよりますが、例えば導入文で「世の中の現状」や「今、話題となっている問題」などを、（公的機関が発表しているような実際の）数字を入れて取り上げます。

そして「だから今回はこんな内容を取材してきた」「実際の話をうかがったので、紹介します」などのようにつなげると、読者に興味を持ってもらいやすく、読まれやすい記事になります。SEO記事とは書き方が少々異なります。

日ごろから、ニュースなどで取り上げられている時事問題や時事ネタなどをチェックしておきましょう。その情報を切り口に取り入れてみると、多くの人の興味関心を引き付けることができるので、ぜひ試してみてください。

9-6．伝えたいキモをしっかり伝える構成にしよう

・おすすめの文章構成を紹介

インタビューの文章の構成ですが、基本は、訴えたいことを先にもっていきましょう。

重要な要素から順番に書いていく、「逆三角形」のようなイメージです。身近な例では、新聞記事なども逆三角形の文章構成を使用しています。

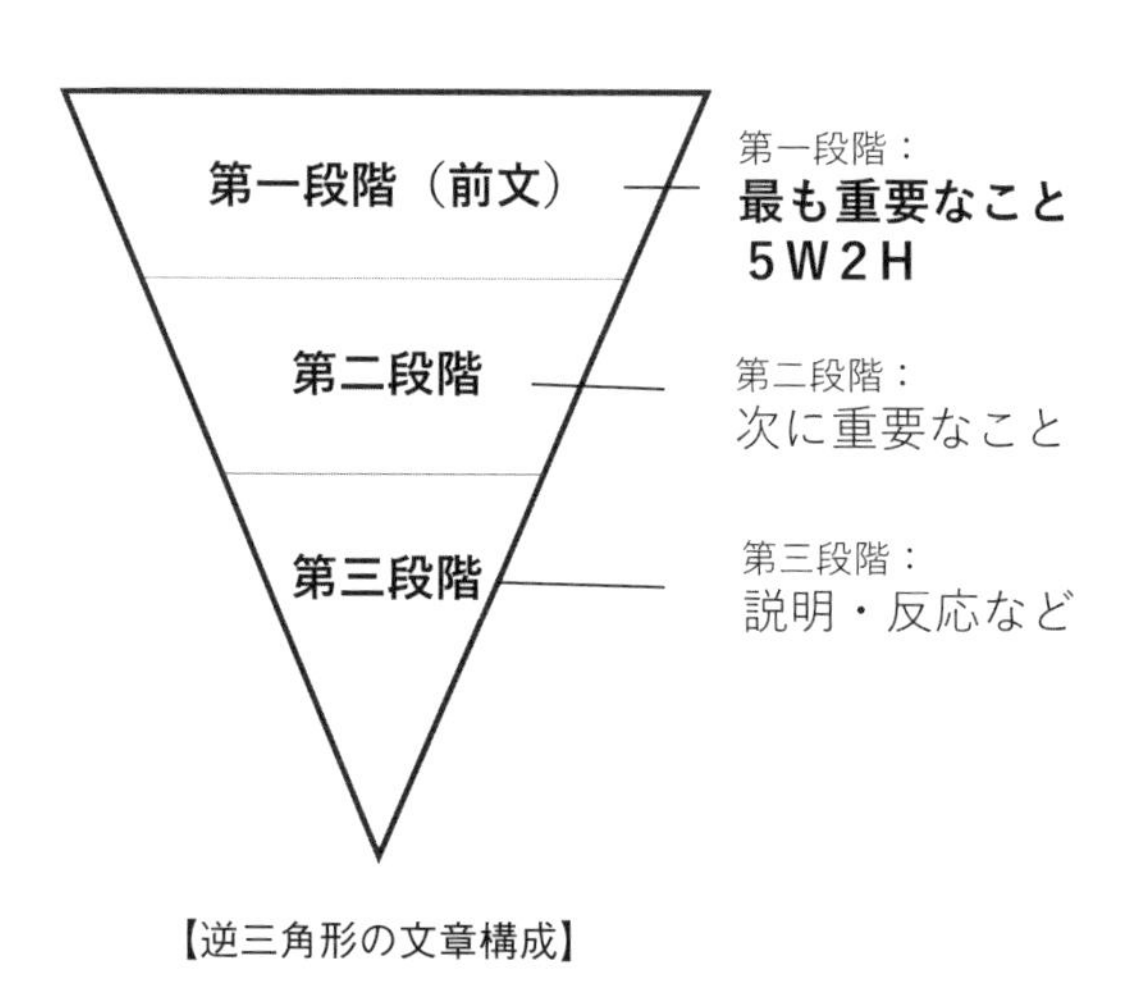

【逆三角形の文章構成】

・**取材記事全般におすすめ！【逆三角形の文章構成】**

①【導入文】で最も訴えたいこと・主題を書く（5W2Hを入れて書く）

②次に重要な内容を書く（説明やエピソードなど）

③補足説明や反応など

取材やインタビュー記事には「挫折から這い上がって今がある型」の文章の型を使うと、人の心をつかみやすい記事になります。ぜひ参考にしてみてください。（P54参照）

・フリーライターより「専門ライター」を名乗った方がいい？

フリーランスで働いているライターなら、誰でも「フリーライター」の肩書きが付けられます。何でも書けるし、これからもオールマイティに書いていきたくて、フリーライターという肩書きで活動している方もいるでしょう。SEO記事を中心に書いているライターでも特に肩書きをつけていない方もいます。

しかし、**フリーライターと名乗るよりは「〇〇（←専門性を入れる）ライター」と専門性を明確にした肩書きにするのがおすすめ**です。これは、**セルフブランディング（自分を多くのライターの中から差別化して、チャンスを広げる施策）の一つ**になります。

例えば、クライアントと交換をする名刺にも、「どんな専門性（または強み）があるライターなのか」が一目で分かるように「〇〇（←専門性を入れる）ライター」と分かりやすい肩書きを入れておくのがいいでしょう。

あるクライアントから聞いた話ですが**「『何でも屋さん』のライターだと、逆に仕事を**

依頼しにくい。（肩書きなどで）専門性が明確に分かれば『○○関連の記事なら、△△さんに依頼しよう』という風に頼みやすくなる」ということがありました。

肩書き付けの分かりやすい例でいうと、企業で美容部員として長年働いてきて、今後もその強みを生かして美容関連の記事を書いていきたいなら「美容ライター」はピッタリでいいですね。また、食べ歩きが趣味で、年間１００軒以上もの飲食店を回るなど、食に精通しているなら、食関連の記事を書く「グルメライター」や「フードライター」を名乗るのが適しています。

また、自分が「取材記事を中心にお仕事していきたい」「インタビュー記事を書いていきたい」と考えるのでしたら「取材ライター」「インタビューライター」と名乗るのもいいでしょう。

自分の強みや特技などを参考に、「このジャンルなら楽しく書いていける」「これなら書き続けやすい」というジャンルを絞って考えてみるといいですね。

肩書きは「自分が仕事をする上で（進みたい方向の）道しるべ」にもなってくれるでしょう。

「○○ライター」と名乗ったからと言って、その○○（専門性）の範囲外の仕事は受けな

い、受けてはいけない、ということはありません。

・人一倍時間とお金をかけてきたモノが「あなたの強み」

「自分の強みがよく分からない」「私はどんなことが書けるだろうか」という方もいるでしょう。そんな場合は、過去の経歴を掘り下げて確認してみましょう。

【自分の強みは何？】過去の経歴チェック！

・過去にしてきた仕事はどんなもの？（経験年数も参考に）
・現在している仕事はどんなもの？（経験年数も参考に）
・取得してきた免許や資格はある？（看護師免許、歯科衛生士免許、アロマテラピー資格など）
・続けてきた習い事やお稽古事はある？（ダンス、茶道、ピアノ、水泳など）
・学生の頃から好きだった＆続けていた趣味はある？（映画鑑賞、読書、手芸など）
・日常生活での特技などは？（料理、収納法、片付け、子育て、断捨離など）

強みを生かした肩書きが、ライター自身も書きやすいですし、詳細の説明もスムーズに進み、さらに説得力のある記事が書けることでしょう。

また、自分の強みを探るワークとして、自身の幼少の頃や学生時代などのルーツを探ってみましょう。過去の自分が経験したことや体験したこと、その時々の心情は、今後の取材記事などの執筆で、参考になることがあるからです。

・今は道半ばでも、専門性はこれから育てていける

今はまだ「強み」とはいいにくいものでも、これから育てていくことはもちろん可能です。自身で「コレを私の専門性に変えたい」と思うものがもてたら、そこからスタートしてもいいでしょう。例えば習い事関連なら継続するのがいいですし、専門知識なら定期的に情報収集をして、知識を深めていきます。

また、強みとして育てていくなら、どんなものでも、インプットの後は、必ずアウトプットをしていくことが大切です。それは知識や経験をブログやSNSで発信をしていくのもいいですし、「周りの人に話す、伝える、教える」ことをしてみましょう。

人に話したり、教えたりした分だけ、自分にも深く知識が入り込んでいくからです。すると自然と強みを「ご自身の専門性」として生かせることでしょう。

最終章 収入アップを目指す

ライターとして
成長していくために

ここまで、ライターのお仕事に必要な「文章の構成」「文章の書き方」「ＳＥＯライティングの基本」「取材やインタビューの方法」をお伝えしてきました。

ここまでの書き方をおさえておけば、応用も可能です。

例えば、「ブックライターになりたい！」という方なら、本の執筆代行ということで著者の話をヒアリングします。「５章　取材やインタビューの方法」の「事前準備」や「取材中の聞く姿勢」あたりを参考に取り組み、録音の音源をきちんと文字起こしをして、書いていきます。

また、ライター業とともに「ブログ収益にチャレンジしたい」という方は諸々の準備は必要ですが「ＳＥＯライティングの基本」は参考になるでしょう。

ここではさらに、収入アップの行動についてふれていきます。

1. 新しいスキルや知識を身につけ、行動しよう

ライター報酬をアップさせたい場合、積極的な行動は必須です。「とりあえず、1案件あるから、このままでいいや……」と停滞していると、機会損失になってしまいます。


実際あったお話を少しします。

同じライター歴の2人のライターがいました。

1人は現状維持で、受注した仕事だけをたんたんと行う方。

もう1人は向上心旺盛で、どんどん新しいスキルや知識を学び、実践していく方。

2年後、前者は月収10万円程度なのに対し、後者は月収50万円にまでなっていたのです。

だから、現状維持はもったいないのです。

どんどん学び、「新しいスキルや知識を身につけること」、
そして、「さくさく行動すること」＆「コツコツ続けること」
これが最重要なのです。

現時点での原稿料に満足していないのであれば、まず行っていくことは、次の3つです。

・その他の案件を定期的に調べていくこと
・必要な知識は勉強して身につけ、自身のレベルアップを狙うこと
・実際に手を動かし、行動していくこと

これらを参考に、ライターとして活動をスタートした後も、向上心を忘れないで行動していきましょう。

実績をコツコツ積み上げていきつつ、自身の「ライター・プロフィール」も、適宜実績を更新させていきましょう。

↓「収入アップの4つのカギ」については、1章P25を参考にしてください。

2.【収入アップのために】ライター業の延長で行いたい、おすすめの仕事は？

2-1.ブログ運営やアフィリエイトをやってみる

ライターと相性がいい仕事として、ブログ運営やアフィリエイトがあります。実際にWebライターをしながら、両立している方も多いです。ブログ運営やアフィリエイトをするなら、ワードプレスを使用して作ると収益化しやすいです。

また、SEOライティングの知識やスキルのアウトプットの場にもなります。報酬はそれぞれですが、コツコツ続けることで、しっかり稼いでいる方はいます。Googleアドセンスや、楽天アフィリエイト、ASP（アフィリエイト・サービス・プロバイダ）などを使って収益化していきます。

2-2.Web編集者になる

Web編集者は、ライターと兼任する人もいます。主に「ライターに依頼した記事の品質を管理する」お仕事です。

Ｗｅｂメディアのキーワードを選定してから、記事の骨子（構成）を作成します。その後、Ｗｅｂライターに記事を発注し、スケジュールの管理なども行います。

また、ライターが納品した記事の内容をチェックして修正し、記事の公開まで行います。

ＣＭＳやＨＴＭＬなどの専門知識やスキルが求められる部分もあります。責任もプラスされるため、報酬はライターより高めになります。

ライターをしてきた方なら、進めやすい仕事なので、ぜひチャレンジしてみてください。

2-3. さらにステップアップ

ライターや編集の仕事の経験を生かして、スキルを人に教えることもいいしょう。また、自分と異なるスキルの人と組んで、新しいビジネスを企画することも可能です。**ライティングは、どんなビジネスにも活用できるスキルです。ライターとしてのスキルを生かして、自分に合った仕事を楽しみ、自由な働き方を実現することが可能です。**

「書くこと」は、あなたの「生きる力」になっていくでしょう。

STEP① 書くスキルを学ぶ	STEP② ライターの仕事を受注
・「基本の文章の書き方」を学ぶ ・SEO記事や取材記事の書き方を学ぶ ・自分の強みの把握しておく ・Noteブログに記事を書いていく （0から実績作りにも生かせる）	・Noteでセルフブランディングをする ・SEO記事などの案件に応募 ・実名記事にもチャレンジ ・取材案件も積極的に書く （経験値UPのために、とにかく書く）
STEP③ Web編集者と兼任	**STEP④ スキルを教える**
・ライターとWeb編集者を兼任する ・ Web編集者として実績を積む ・ライター案件は単価を上げていく ・プロフィール実績を改善 （実績を適宜更新しておく）	・スキルを教える側になる ・○○講座などを自分で企画・開催 （オンライン／動画／リアル会場） ・自分と異なるスキルの、 誰かと組んで仕事をする （専門家と集客担当が組むなど）

【ライティングスキルを生かして稼ぐ４ステップ・ロードマップ】

3.『オトナ女子専門★プロライター養成講座』修了者の声をご紹介

ここでは、ライター本講座を修了した、先輩ライター11名の「生の声」をご紹介していきます。

受講者は、まったくの異業種からスタートした方ばかりです。

しかし皆さんコツコツと行動し、実績を積み上げて「自分に合ったカタチ」でライター業をされています。

先輩ライターたちの声が、皆さんのライターとしての活動や行動へのヒントになれば大変うれしいです。

【ライター基本情報】

・ライター名（ペンネーム）／年代
・ライター肩書き／職業

【今回のヒアリング内容】

・ライターになる前の職業
・ライター講座を受講してよかったこと
・ライター実績／現在の活動内容は？
・ライターになってよかったこと／今後の目標

【11名のライターの声をご紹介】※順不同

1．南マイコさん／30代

ライター肩書き／職業

在宅ライター支援アドバイザー

Ｗｅｂライター（本業）／編集者／Ｗｅｂライター講師

ライターになる前の職業

理学療法士

ライター講座を受講してよかったこと

ライター講座を受講し、自分の文章をプロの視点で添削していただけたことは、私にとって本当に貴重な経験となりました。自分では気がつかないクセを発見できたり、参加メンバーの文章に触れることで新しい学びがあったりと、独学では決して得られない多くの財産を得た時間でした。

また、インタビューライターや編集者、講師として活動の幅を広げるきっかけとなったのも、カオリ先生のライター講座です。講座受講後は収入も順調にベースアップし、私の

「ライター人生」の基盤となっています。

ライター実績／現在の活動内容は？

日本おうちワーク協会 元上級インストラクター／Ｗｅｂライター講座の作成・主催・講師を担当／『介護経営ドットコム』にて記名記事の連載／『日本猫ねこ協会』のインタビュー記事連載／『ゴルフトリガー』編集長に就任／広告運用企業にて記事広告ＬＰを作成／ライターコミュニティの運営

ライターになってよかったこと／今後の目標

文章力は「土台」となるスキルであるからこそ、自分次第で新しいことにどんどん挑戦していけるのは大きな魅力だと感じています。

今後の目標はライターという仕事の魅力や、文章力がもつ無限の可能性を伝えていきたいです。同時に、一番近くで見守り支えてくれている家族へ、「かっこいいママ」の背中を見せ続けていきたいです。

2．松原夏穂さん／40代

ライター肩書き／職業

ライター／ヨガ講師

ライターになる前の職業

自治体史編さん事業や編集事務所にて編集を担当

ライター講座を受講してよかったこと

少しずつライターの仕事が増えてきたものの、ライター講座をきちんと受けたことがないことに、不安を感じるようになった2019年。そこで出会ったのが、カオリさんの講座です。少人数でていねいに指導いただきました。

受け身になることがなく、修了後も実践できることばかりでした。また、自分の文章のクセに気づくことができ、良いところや改善点が分かりました。

カオリさんの講座は、お仕事を紹介いただいたり、相談会もあったりと、本当にありがたいです。

ライター実績／現在の活動内容は？

日本史・日本文化の紹介記事の執筆／『日本文化の入口マガジン』記名記事で連載／『保育園まるごとランキング』記名記事の執筆・編集／出版社にて電子書籍の校正業務を担当／不動産会社のブログ執筆／小中学校社会科の試験や参考書の校正／雑誌の広告記事作成／経営者メディアにて「社長インタビュー」記事作成　など、他多数執筆

ライターになってよかったこと／今後の目標

新型コロナウイルス感染症の蔓延による緊急事態宣言で、ヨガ講師の仕事が3ヵ月止まったのですが、ライターは続けることができました。収入面でも精神面でも、本当にありがたかったです。

「楽しくて役に立つ」をモットーにしています。私の記事を読んだ方が、少し知的（物知り）になって、優しい気持ちになれるように。時には重たい（自称、社会派）記事も書きますが、「人の不幸で飯を食う」ような記事は書きません。取材は大好きです。素敵な生き方や活動をされている方の想いを言葉（文章）にして、広めていきたいです。

3．溝呂木真弓さん／40代

ライター肩書き／職業

取材ライター

ライターになる前の職業

元専業主婦／転勤族の夫と全国各地を転々としながら、転勤先でオフィスワーク

ライター講座を受講してよかったこと

文章の書き方はもちろん、取材の仕方や仕事の取り方など、実践的に学べたことが良かったです。受講中に応募したメディアサイト2社でライターデビューが決まりました。実績0と1は全然違い、専門性もなく未経験からプロライターになるって実現は難しいのです。実際、最初に執筆した記事がきっかけとなって次へつながり、仕事のレベルも報酬もどんどんステップアップしていきました。

ライター実績／現在の活動内容は？

『Life Designs』記名記事の連載／『メイジノオト』記事執筆／テレビ局運営の動画配信サービスの番組みどころ記事制作／住宅関連会社の会員向けサイトコラム記事の執筆／大手銀行系カード会員誌の優待レストラン記事作成／『まっぷるトラベルガイド』『ぴあニュース』など、他多数執筆

ライターになってよかったこと／今後の目標

私の記事を見た方から直接仕事のオファーをいただいたり、担当した記事がサイト内のランキング上位をキープしていたりと、会社員では得ることのできない経験や達成感がうれしいです。

やはり取材が一番楽しく、インタビュアーから深掘りし、魅力を最大限に引き出すことにやりがいを感じています。1年ごとに実績を上回るよう積み重ねていきたいです。

4. 高村ミチカさん／30代

ライター肩書き／職業

教育ライター／企画編集

ライターになる前の職業

公立小学校の教員

ライター講座を受講してよかったこと

一番は、的確なフィードバックをもらえたこと。フィードバックをもらうことが、文章を上達させる近道だと思います。毎回の講義で出される課題に対して、普段なかなか気づけない「文章のクセ」に気づけたり、言葉の引き出しを増やしたりすることができました。また、文章がいくら上手になっても仕事は増えません。ライターとして仕事をしていく上で必要な「企画を考えて営業する」ということを学べたのも大きかったです。カオリ先生は、出版社に直接営業をしたというエピソードを聞いて、「自分から動かなければいけない！」とマインドを変えることができました。

ライター実績／現在の活動内容は？

講談社の子育て系メディア『コクリコ』にて記名で連載／教育メディア『ソクラテスのたまご』で連載／教育系ベンチャー企業『こどもカンパニー』公式note担当／出版社にて電子書籍の執筆／経営者メディアにて「社長インタビュー」記事作成／厚生労働省案件記事の執筆など、他多数執筆

ライターになってよかったこと／今後の目標

「あぁ、それが言いたかったの！」と言ってもらえる瞬間が一番好きです。まだうまく言葉にできないモヤモヤを言語化すると、驚くほど人に喜んでもらえます。それがライターの醍醐味です。

さらに、言葉を引き出していくと、本人もまだ気づいていない発見をすることがあります。隠れた才能や強みが、言葉によって表面化される。そんな風に、言葉でその人や企業の価値を最大化するライターを目指しています。

5. 浅野由理奈さん（ビバちゃん）／30代

ライター肩書き／職業

なんかちょっと残念なライター／会社員（ライターは副業）

ライターになる前の職業

元在ペルー日本大使館勤務／元電通勤務
現在はアニメ会社の制作アシスタントと宣伝を担当。

ライター講座を受講してよかったこと

高校生以来、久しぶりに日本語を勉強する機会となったが、大人になってから勉強する日本語は、ライターになる・ならないを問わず、日常生活でも仕事でもためになることしかなかった。

あと、ライティングの技法だけでなく、ライティングをするにあたっての物事の考え方やその人の人生観、経歴、趣味まで、先生がいいところを見つけては、たくさん褒めてくれる（親よりも笑）。先生、好き、ありがとう。

ライター実績／現在の活動内容は？

Ｗｅｂ記事の執筆（カテゴリーやテーマは多種多様）／女性向けキュレーションサイトの記事執筆／清掃業界のＳＥＯ記事執筆／ジュエリー業界の指輪制作に関するコラム執筆女性誌『ＶＯＣＥ』記事執筆／経営者メディアにてイベント取材・社長インタビューなど、ほか多数執筆

ライターになってよかったこと／今後の目標

「自称・なんかちょっと残念なライター」としているので、自分の経験をライティングすることにより、少しでも誰かの役に立てたのなら、それだけでうれしいです。

今後の目標は、自身の残念エピソードをすべて放出して成仏させることです。

ライターを目指す方へ、誰だってやろうと思えばできるし、なれる。それがライターの素晴らしいところだと思います。目指すがいい！

6．マリアムさん

ライター肩書き／職業

旅ライター／通訳

ライターになる前の職業

大手自動車メーカーや国際機関にてインハウスの通訳

世界を飛び回っていたため、アマチュアライターとして訪れた国の体験を寄稿

ライター講座を受講してよかったこと

プロのライターとしての基本と流儀をきちんと学べたこと

ライター実績／現在の活動内容は？

講座を受講中に、地球の歩き方「特派員」への登用が決定し、旅ライターとしてのキャリアをスタートすることができました。

また、経営者メディア案件では、社長インタビューを数多く行いました。

ライターになってよかったこと／今後の目標

自分の体験や思いを言葉にして人に伝えることに喜びを感じています。ライター講座を受講したことで、自分よがりでない、人に役立つ情報の伝え方、組み立て方を学ぶことができました。講座で習ったことは、私の宝物です。

ライターを目指す方へ、ライターになる素質は、誰の中にもあります。ＳＮＳなどにも原稿を気軽に投稿できる現代です。誰でも、ライターを名乗ることはできるでしょう。しかし、本物のライターになりたいと思ったら、ライターとしての基礎をしっかり学んで身に着けなければなりません。プロのライターとは、自分のためにではなく、人のためになる文章を書く専門家なのですから。

7．池田さくらさん／40代

ライター肩書き／職業

ライター（専業・本業）／エッセイスト／嵯峨御流いけばな作家

ライターになる前の職業

メーカーや商社などで事務職

ライター講座を受講してよかったこと

修了生が未経験から仕事を受注していたこと、また先生の実績や写真から伝わるやわらかな雰囲気などが決め手になりました。

ライターとして仕事を始めて特に良かったのは、「幅広いライティングスキルを学べたこと」です。記事には、検索エンジンで上位に表示されるSEO記事や取材記事などがありますが、書き方が違うため、別々のスキルが必要です。それらを講座の中で網羅的に教えていただいたので、さまざまな種類の仕事を受けることができています。

もう一つは、「自分の強みを客観的に知れた」ことです。講座の中で作成した自分のプロフィールについて、先生や受講者仲間から意見や感想をいただけたことは、とても貴重でした。

ライター実績／現在の活動内容は？

これまでに書いてきたＷｅｂメディアは『and 麹』『Spaceship Earth』『ハッコラ』『ココリコ』『セゾンのくらし大研究』、ヴィーガン情報サイト、オーガニックＥＣサイトのマガジン、ブライダルサイト、育児情報サイト、アプリの占い、経営者メディアの社長インタビュー、誌面では『ＶＯＣＥ』です。

現在は本業でライターをしており、いけばな作家としてコラムも書いています。

ライターになってよかったこと／今後の目標

ライターは、自分の言葉を紡いで作品をつくるような仕事だと思っています。読者に少しでも「読んでよかった」「役に立った」と思っていただけたら、こんなにうれしいことはありません。これからも自分だからこそ発信できる情報や、面白い視点を記事にして、読者に喜んでいただけたら幸せです。

8. Chizuさん／40代

ライター肩書き／職業

フリーランスの専業ライター

ライターになる前の職業

会社員

ライター講座を受講してよかったこと

毎回出される「課題」が実践的で、とても有意義でした。特に、最後の課題「インタビュー記事を作成する」を経験できたことがよかったです。

取材依頼やインタビューなどは緊張しましたが、実際にそれらを自分一人で行い、記事を書き上げたことが自信につながり、結果的に、インタビューを依頼した方から仕事を紹介していただき、ライターとしての一歩を踏み出すことができました。

ライター実績／現在の活動内容は？

講談社の育児サイト『コクリコ』にて記名記事の連載／クラウドファンディング文章作成／経営者メディアにて社長インタビュー記事作成／自治体の観光ガイドブック執筆

るるぶWeb掲載の公園紹介記事の執筆／るるぶkids書籍記事の執筆など、他多数執筆

ライターになってよかったこと／今後の目標

「やりがい」や「達成感」を実感しています。インタビューでお話しいただいた内容を、どうしたらより伝わりやすく読む人に届けることができるか、毎回試行錯誤します。

その分、納得いく記事を書き上げたときは、言いようのない充実した気持ちを味わうことができます。それが私の原動力になっていると思います。

今後は、自分で企画した記事の執筆をさらに増やしていくことが目標です。

9. 加藤　洋美さん／40代

ライター肩書き／職業

開運コンサル／占い講師／インスタライター

ライターになる前の職業

元専業主婦／子どもの成長とともに派遣社員、兼業で占い師

ライター講座を受講してよかったこと

本講座では、「誰でもライターを目指せること」を教えていただき、その後もサポートがあったり、仲間と情報など共有できるコミュニティーがあったりと、孤独にならずに済みました。さらにお仕事の紹介やサポートがあったので、受講してよかったです。

講座修了後にはすぐにライターをスタートでき、とても安堵しました。

ライター実績／現在の活動内容は？

電子書籍の編集／小学館の子育てサイト『HugKum（はぐくむ）』多数執筆／女性向けメディア『MERY』多数執筆／女性誌『VOCE』記事執筆／レインボータウンFMラジオ番組：コーナー紹介文作成／経営者メディアにて社長インタビュー記事作成

ライターになってよかったこと／今後の目標

今後の目標は、ライターを本業にすることで、占いライターとして本も書いていきたいです。全国紙の雑誌に自分で鑑定をしてインタビューした内容を記事にしたい夢があります。

★収入アップを目指す

10．中村はるみさん／60代

ライター肩書き／職業

夫婦円満コンサルタントR

ライターは仕事の一部ですので専業です。

ライター講座を受講してよかったこと

講座修了後、仕事の情報を随時教えてくださいました。ライター講座を受けてから、記事を書くとき、目的、読者、伝えたいこと、テーマを必ず一覧表にすることで、意識できるようになりました。カオリさんの第三者目線の意見を聞くことができました。この3点が受講してよかった点です。

ライター実績／現在の活動内容は？

新聞コラム連載2回を含め、雑誌・Ｗｅｂ記事など62件の記事記載があります。

ライターになってよかったこと／今後の目標

これは「夫婦円満コンサルタント」としての目標ですが、記事の執筆をさらに進めていきたいです。さらに、「男女性差×性格タイプ×伝わるアサーティブな伝え方」で「男女が相乗効果でパワーを発揮する社会」を作るお手伝いをしたいと考えています。

そして、個々の自己実現も可能になる未来を作っていきたいです。

11．飯塚まりなさん／30代

ライター肩書き／職業

ライター／イラストレーター

ライター講座を受講してよかったこと

ライター講座の良さは、講座中でも先生から仕事を紹介していただき、今までやったことのない分野に挑戦できたことです。

ライター実績／現在の活動内容は？

地域新聞ショッパー／地域新聞社ちいき新聞／『はんのーと』／『みんなの格闘技ジム＆道場ナビ』／文化時報社『福祉仏教 for believe』／東京ガス『ウチコト』／『ミライスタイル』／某有名タレントのアプリ文章作成／経営者メディアにて「社長インタビュー」記事作成／『老人ホームの選び方ガイド』他

Ｃｌｏｖｅｒ出版『平日おひるごはん』ライター6人のうちのひとり

ライターになってよかったこと／今後の目標

ライターになって、いろんな世代の方々と出会う機会が増えました。自分だけの世界では知らなかったことを、取材相手の方を通して学ぶことで日々貴重な体験をしています。

今後は、できれば書籍に関わりたいと強く思います。

おわりに

「書くこと」は「生きること」。


今回、この本を執筆するにあたり、一つの思いを込めて書きました。

それはどんな立場の女性も「自分の生きたい人生は、その都度、自分で選択していこう」ということです。

これは収入面だけではなく、「生き方の選択そのもの」でもあります。

それら選択肢の中でも、一番に取り掛かりやすいのが「副業・兼業」であり、副業や兼業の中でも、「書く」という身近な行為でスタートしやすいのが「ライター」だと思います。

現在は国も、「働き方改革実行計画」（平成29年3月28日 働き方改革実現会議決定）をふまえて、副業・兼業の普及促進を図っています。国が副業・兼業をおすすめしてくれる時代ならば、チャレンジしない手はないと思いませんか。

少子高齢化社会が進み、私たちは大変な時代を生きているかもしれません。

しかしプラスで考えれば、「こんな時代だし、正社員や安定を得られる仕事だけでなく、やりたいこともやってみよう」です。

さらに、私は、「書くことって、実は生きることに直結」しているとも考えています。

自己表現の意味でも、日常生活の意味でも、です。

例えば、もやもやした自分の気持ちを紙に書いて顕在化するだけでも、心を整えることができます。

日常では、メールや手紙、ブログ、SNSなど、当たり前のように書いています。すでに書くことは、生きる上での基盤として、多くの人に根付いているのです。

文章なんて、下手でもいいと思います。小説家になるわけではないのだから、たくさん書くうちに誰でも上達できるのです。

それよりも、生かされているこの時間を、無駄なく、楽しく、「書いて」使っていきませんか。

もし、少しでも書くことが好きで、書く仕事に興味があるなら、ぜひライターにチャレンジしてみてください。

そして、気軽に書くことを楽しんでみてください。

本書があなたの人生に「一つの行動を起こすきっかけ」になったら大変うれしく思います。

ありがとうございました。

斉藤カオリ

斉藤カオリ（さいとう・かおり）

オトナ女子専門★プロライター養成講座主宰／
女性ライフジャーナリスト／合同会社ジョアパルフェ代表

舞台女優や歯科衛生士を経て、「書くことが好き」と目覚めて、未経験からフリーライターの道へ。女性誌やエンタメ誌、グルメ誌、旅行誌、週刊誌などで執筆し、Webでは編集をこなす傍ら、独自の取材記事を寄稿。『東洋経済オンライン』では月間アクセスランキング1位を獲得。その他の記事もほとんどが『Yahoo！ニュース』に取り上げられ、100万PV超えが多数。

自身の「主婦（育児）とライターの両立」が非常に有意義だったため、「書くことを楽しみ」「自分らしく仕事する」女性を増やす目的で、2018年より『オトナ女子専門★プロライター養成講座』をスタート。講座の修了者は有名コラムサイトでの連載や著名タレントのアプリ制作、インタビュー取材ライター、ブックライター、Webライター講師などで活躍。

また2023年より、株式会社カカクコムの「チームルーム」にてシニア向けの『ライター講座』を開講。「時間と場所を自由に選び、好きを仕事に生きていきたい」方の応援をライフワークとして活動中。編集・ライター歴15年。

【ホームページ】https://saito-kaori.com/

未経験から始める しっかり稼げるおうちライターの教科書

2023年4月24日　初版第1刷

著者　斉藤カオリ
発行人　松崎義行
発行　みらいパブリッシング
〒166-0003 東京都杉並区高円寺南4-26-12 福丸ビル6F
TEL 03-5913-8611　FAX 03-5913-8011
https://miraipub.jp　mail：info@miraipub.jp
編集　岡田淑永
ブックデザイン　則武 弥（paperback Inc.）
イラスト　飯塚まりな
発売　星雲社（共同出版社・流通責任出版社）
〒112-0005 東京都文京区水道 1-3-30
TEL 03-3868-3275　FAX 03-3868-6588
印刷・製本　株式会社上野印刷所

ISBN978-4-434-31846-7 C0034